D1752692

Bunt wie der Regenbogen

Ein Bilder- und Lesebuch
mit vielen Geschichten und Liedern

Die Bilder zeichneten
Renate Etna - Hella Soyka - Berti Breuer-Weber
Rosa Warzilek - Felicitas Kuhn
Erika Meier-Albert - Dieter Herbst

Textredaktion: Gisela Fischer

PESTALOZZI-VERLAG, D 8520 ERLANGEN

Die drei Affen

Im Urwald leben viele Tiere: große und kleine, schwarze, graue, braune, kluge und dumme. Auch die drei kleinen Affen leben dort. Tiki ist dunkelbraun, Toki ist hellbraun, und Taki ist von hellem, gelblichem Braun. Die drei kleinen Affen sind überall im großen Urwald sehr beliebt.

Kein Wunder! Tiki, Toki und Taki sind von früh bis spät zu Späßen aufgelegt. Manchmal treiben sie so viel Schabernack, daß die Papageien laut aufkreischen vor Vergnügen.
Löwen und Panther, Tiger und Elefanten suchen ihre Nähe.

Ja, sogar das alte Warzenschwein freut sich, wenn es ihnen begegnet. Meistens schaukeln die drei kleinen Affen in den Lianen und schwingen von einem Baum zum anderen. Aber die drei kleinen Affen sind nicht zufrieden mit sich und der Welt.

„Alle lachen nur immer über uns!" sagt Tiki.
„Keiner nimmt uns ernst", meint Toki. Und Taki brummt: „Und Angst hat noch nie jemand vor uns gehabt!"
Wenn nachts der Mond über ihrer Kokospalme steht, träumen die drei kleinen Affen davon, daß sie stark und mächtig wären. Und alle Tiere müßten Angst vor ihnen haben. Das wäre herrlich!
Eines Tages sprechen die drei kleinen Affen auch mit dem Warzenschwein über ihren Traum. Und es weiß tatsächlich Rat: „Wenn man im Meer badet und dabei brüllt, so laut man kann, wird man mächtig und stark wie ein Riese." Die drei

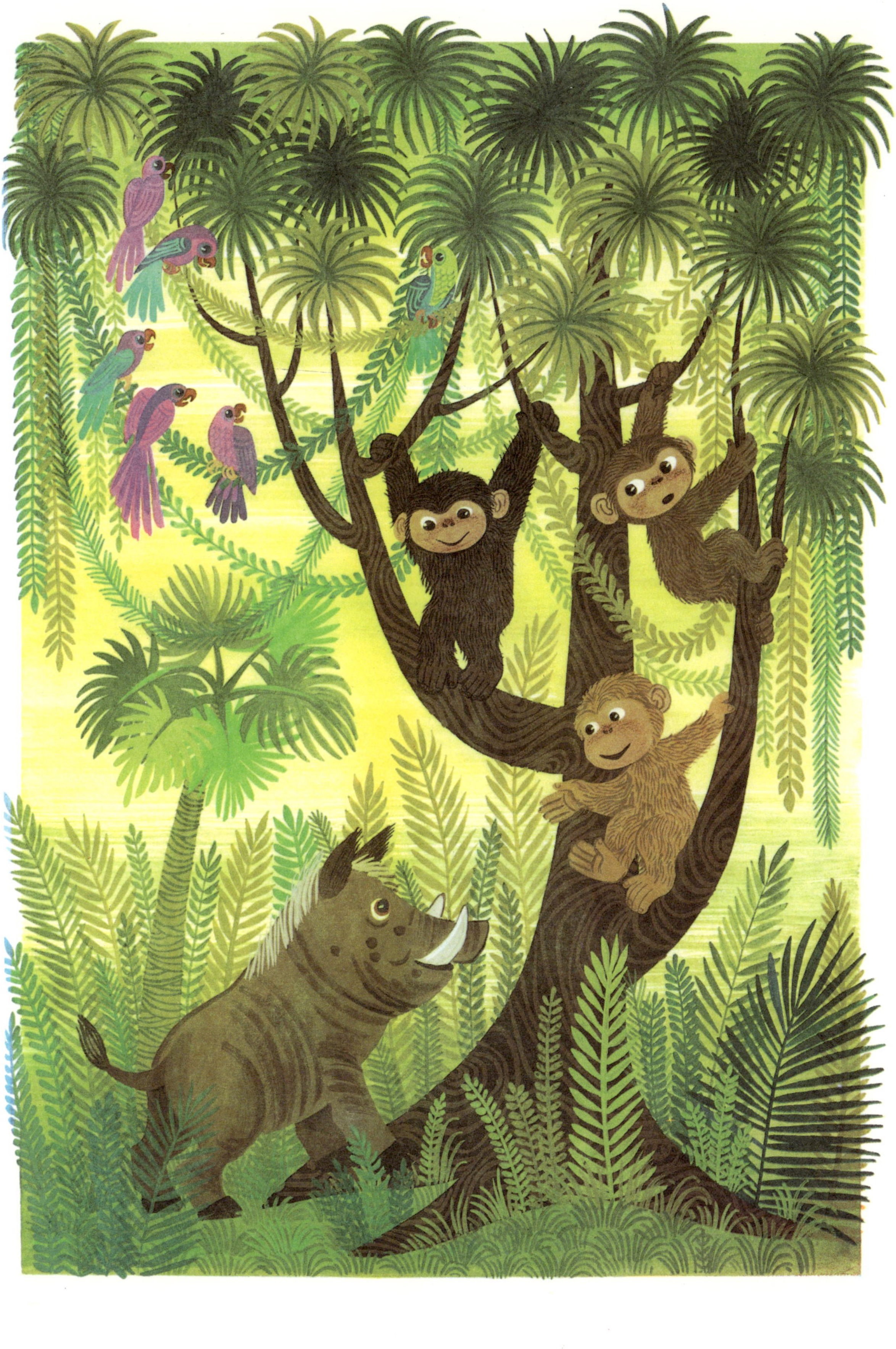

kleinen Affen sind begeistert, und Tiki fragt: „Wo, bitte, ist das Meer?" – „Dort hinten irgendwo", brummt das Warzenschwein. „Dort, wo die Sonne untergeht."
Am Abend passen die drei kleinen Affen genau auf, wo die Sonne untergeht. Und noch in derselben Nacht machen sie sich auf den Weg in diese Richtung. Nach einigen Tagen kommen sie am Rande des Urwaldes an. Dort beginnt die Wüste. Drei Tage lang laufen sie durch die Wüste. Am Abend des vierten Tages sehen sie riesige Felsen in der Ferne auftauchen. Erschöpft schlafen sie unter den Felsen ein. Am nächsten Morgen laufen sie weiter. Und gegen Mittag sehen sie es endlich vor sich liegen: Das Meer, das große, blaue Meer.
Sofort stürzen sich die drei kleinen Affen mit lautem Gebrüll in die Fluten. Das alte Warzenschwein hatte ja gesagt, man müsse brüllen, so laut man könne. Erschrocken schwimmen die Fische davon. Die drei kleinen Affen brüllen und springen wie die Frösche im Wasser umher.

13

„Ich glaube, nun ist es genug!" sagt Tiki schließlich. Er geht ans Ufer, und Toki und Taki folgen ihm. Die drei kleinen Affen prusten und schütteln sich. Sie lachen und sind sehr vergnügt. Endlich haben sie es geschafft! Nun sind sie die drei mächtigen, starken Affen, vor denen alle anderen Tiere Angst haben werden!
Und tatsächlich! Als die drei Affen sich wieder auf den Heimweg machen, weichen alle Tiere, die ihnen begegnen, vor ihnen aus. Und als sie ihren heimatlichen Urwald erreichen, sehen ihnen die anderen Tiere ängstlich entgegen. Tiki, Toki und Taki sind glücklich. Sie klettern auf ihre Kokospalme, schaukeln in den Ästen und freuen sich. Was sie sich so sehnlichst gewünscht haben, ist geschehen: Die anderen Tiere haben jetzt Angst vor ihnen! Niemand mag sie mehr leiden, und gelacht wird in ihrer Nähe überhaupt nicht mehr. Die Papageien sind davongeflogen. Die Elefanten und Löwen machen einen großen Bogen um sie. Und das alte Warzenschwein läßt sich gar nicht mehr blicken.

„Alle haben jetzt Angst vor uns", sagt Tiki. „Wir sind jetzt stark und mächtig", meint Toki. „Und keiner lacht mehr über uns", sagt Taki. Aber es ist merkwürdig. Die drei kleinen Affen sind

plötzlich gar nicht mehr so fröhlich wie früher. Eigentlich haben sie sich alles ganz anders vorgestellt. Ja, eigentlich ist es früher viel schöner gewesen.
Und eines Morgens machen sie sich wieder auf den Weg zum Meer. Laut brüllend stürzen sie sich ins Wasser. Und als sie danach prustend wieder am Strand stehen, sind sie wieder die drei kleinen, lustigen und harmlosen Affen, vor denen niemand Angst zu haben braucht.
Tiki, Toki und Taki laufen, so schnell sie können, zurück in ihren Urwald. Freudig werden sie dort von allen Tieren begrüßt. Die Papageien kreischen wieder laut über ihre Späße. Löwen und Elefanten suchen ihre Nähe, und das alte Warzenschwein freut sich, wenn es ihnen begegnet. Tiki, Toki und Taki aber wollen nie wieder im Meer baden! Nie wieder! Und ins Wasser gehen alle Affen bis heute nicht sehr gern. Du weißt nun, warum!

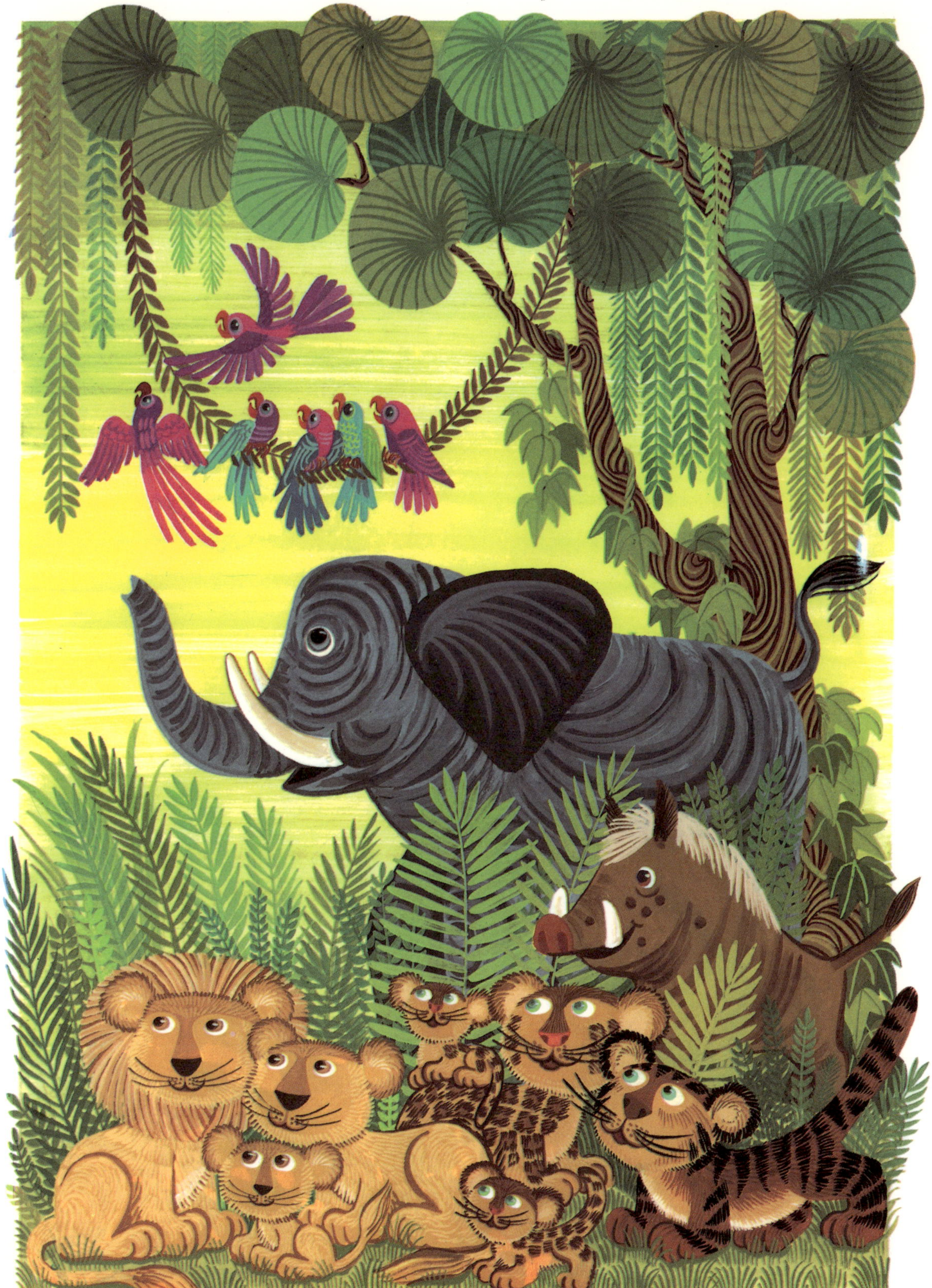

Wo ist Wuschel?

Nanne und Nicki haben einen Hund. Er heißt Wuschel. Wuschel ist ein Schlimmer. Er läuft am liebsten durch Pfützen, scharrt im Blumenbeet und tappt dann mit Dreckpfoten ins Haus. Nun ist Wuschel verschwunden.

Nicki entdeckt Dreckspuren, die zur Straße führen. Und die Kinder suchen Wuschel dort. Sie treffen eine Frau mit Kinderwagen. „Haben Sie unseren Wuschel gesehen?" Die Frau sagt: „Im Park war ein wuscheliger Hund auf der Rutsche." – „Ja, das ist er!" rufen die Kinder. „Wuschel geht so gern auf Rutschen!"

Aber auf der Rutsche ist Wuschel nicht mehr. Da kommt der Briefträger. Er hat Wuschel am Ententeich gesehen. Doch die Kinder finden ihn auch dort nicht mehr. Da hören sie plötzlich Hundegebell. Das ist Wuschel! Wo steckt er denn? O je, er ist in den Papierkorb gefallen! Kannst du mir zeigen, welchen Weg die Kinder gegangen sind, um ihren Wuschel wiederzufinden?

19

Der kleine Kaminkehrer

Es waren einmal sieben Kaminkehrer. Und alle sieben hatten einen schönen, schwarzen Hut, so wie es sich gehört. Sie putzten jeden Tag die vielen Kamine in der Stadt, bis eines Tages der Kleinste von ihnen – ja, aber das ist eine lange Geschichte.

Eines Tages also stieg der Kleinste auf ein ziemlich altes Haus. Er kletterte bis ganz oben hinauf auf das Dach. Er wollte ja den Schlot ausputzen.

Er ließ also seine Kugel den Kamin hintergleiten und zog sie auch nach einiger Zeit wieder herauf. Doch, was war das? An der Kugel hing doch wirklich und wahrhaftig ein spitzer, gelber Hut! Das konnte der kleine Kaminkehrer nicht verstehen. Ob das wohl

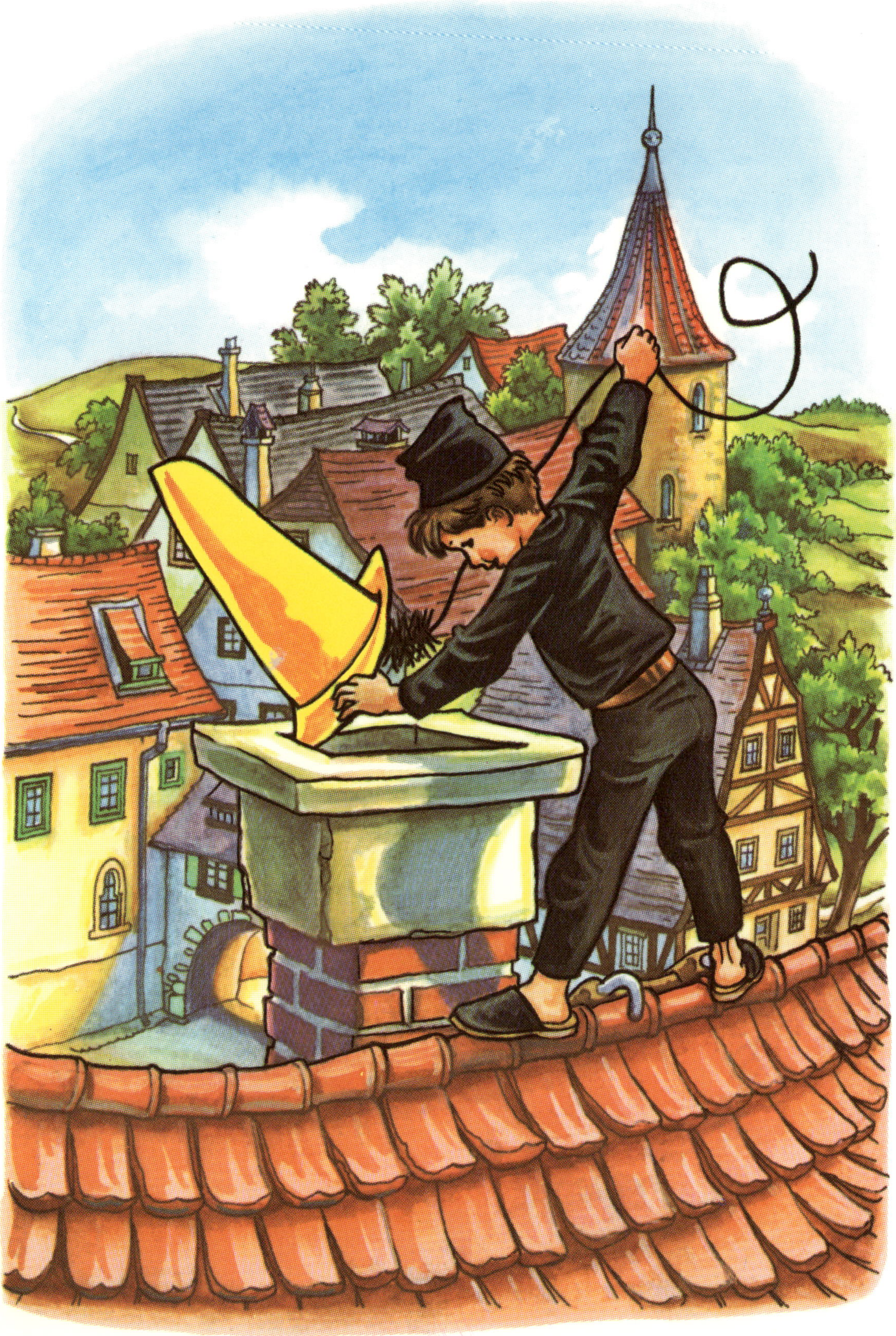

mit rechten Dingen zuging? Aber ich stehe ja auf dem Dach eines normalen Hauses, in dem lauter normale Leute leben, dachte er. Ja, aber was er nicht wußte, war, daß im Keller, dort wo der Schlot aufhörte, ein Zauberer wohnte.
Und dieser Zauberer war außerordentlich zerstreut. Heute nun hatte er seinen Hut statt in den Schrank aus Versehen in den Kamin gehängt. Und so ist alles passiert. Der kleine Kaminkehrer konnte nicht wissen, daß er einen Zauberhut aus dem Kamin geangelt hatte, der dem, der ihn trug, jeden Wunsch erfüllte! Er setzte den den gelben Hut also voller Freude auf.
Plötzlich wurde er sehr müde. Er ging nach Hause und legte sich schlafen. Den Hut behielt er natürlich auf dem Kopf!

Das Kaminkehrerlein wollte schon immer gern in die ferne, weite Welt ziehen. Aber so viel Geld besaß es nicht. Selbst im Traum dachte es immer wieder an ferne Länder. So war es auch diesmal. Wie gern wäre ich einmal in New York, dachte der kleine Kaminkehrer.

Schwupp... schon war er dort. Er stand hoch oben auf einem Wolkenkratzer. Tief unter ihm war die Straße. Die Menschen erschienen ihm aus dieser Höhe klein wie Ameisen. Und welch ein Verkehr! Nein, so schön war es hier nicht! Vielleicht gefiele mir Spanien besser?

Schwupp... schon war er dort. Ein Junge kam auf einem Esel vorbeigeritten und schenkte ihm eine Apfelsine. Herrlich warm war es in diesem Land. Wie warm mochte es wohl in Afrika sein?

Schwupp... war er dort. War das eine Aufregung bei den Negerlein und den Affen! Alle eilten herbei und bestaunten den seltenen Gast. Krulli, ein besonders freundliches Negerlein, lud den kleinen Kaminkehrer sogleich zu einem Spazierritt auf einem jungen Elefanten ein. Hei, das machte Spaß! Und Hunger! Schrecklichen Hunger sogar, dachte der kleine Kaminkehrer. Nach all den Erlebnissen hätte ich jetzt so richtig Appetit auf einen Apfelstrudel, wie ihn die Tante in Paris bäckt.

Schwupp... schon war er dort. Ein köstlicher Apfelstrudel stand bereits auf dem gedeckten Tisch. Er schmeckte genauso, wie ihn der kleine Kaminkehrer sich vorgestellt hatte. Tantes kleiner Hund blickte ganz neidisch zu ihm empor.

Gestärkt sah sich der kleine Kaminkehrer ein wenig in Paris um. Ach, war das eine schöne Stadt! Da gab es Vergnügungsdampfer auf dem Fluß; große Parks, in denen man spielen oder Tauben füttern konnte; Teiche, auf denen man kleine Schiffe fahren lassen konnte... Ja, und dann gab es da noch die Untergrundbahn, die Metro. Furchtbar schnell sauste diese Eisenbahn unter den Straßen von Paris. Aber so ganz geheuer war sie dem kleinen Kaminkehrer nicht!

Jetzt habe ich fast die ganze Welt gesehen, überlegte er. Nur in China war ich noch nicht.

Schwupp... schon war er dort. Eine feine Chinesendame fuhr in einer Rikscha an ihm vorbei. Eine Rikscha ist ein Wagen, der von einem Kuli, einem Menschen, gezogen wird.

Chinesisch zu verstehen ist gar nicht so einfach, meinte der kleine Kaminkehrer, als die Chinesendame ihn ansprach. Doch schließlich verstand er, daß sie ihn zum Abendessen auf ihr Hausboot einlud. Die Mahlzeit mundete unserem kleinen Kaminkehrer köstlich. Schwierig war allerdings, daß er mit Stäbchen statt mit Messer und Gabel essen mußte. Nun, andere Länder, andere Sitten, dachte er. Bis zum Morgen blieb der kleine Kaminkehrer auf dem Hausboot.

Da kitzelte ihn plötzlich die Sonne in der Nase, so daß er niesen mußte. Hatschi!

Wupp, rutschte ihm der Hut vom Kopf. Und vorbei war die schöne Weltreise des kleinen Kaminkehrers. Er erwachte und blickte sich erstaunt um. Er war ja zu Hause, in seinem Zimmer! Die Sonne schien durchs Fenster herein, und – wahrhaftig! – der gelbe Hut lag neben ihm!

Schnell stand der kleine Kaminkehrer auf, denn er mußte ja mit seiner Arbeit beginnen. Außerdem brannte er darauf, seine Freunde zu sehen. Was hatte er ihnen alles zu erzählen!

Er hängte sich also seinen Kehrbesen über die Schulter und rannte los. Den gelben Hut nahm er natürlich mit. Die Freunde begrüßten ihn stürmisch. Der kleine Kaminkehrer aber erzählte von seinen

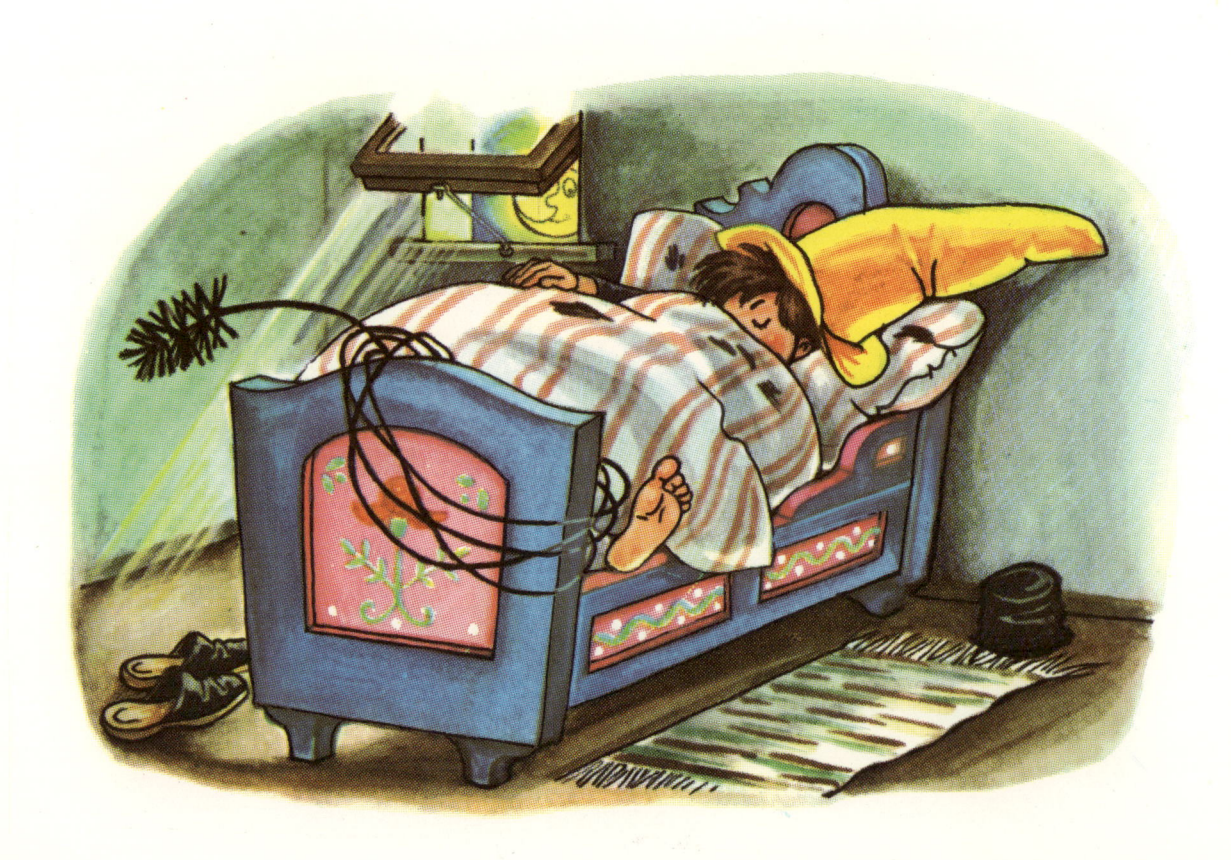

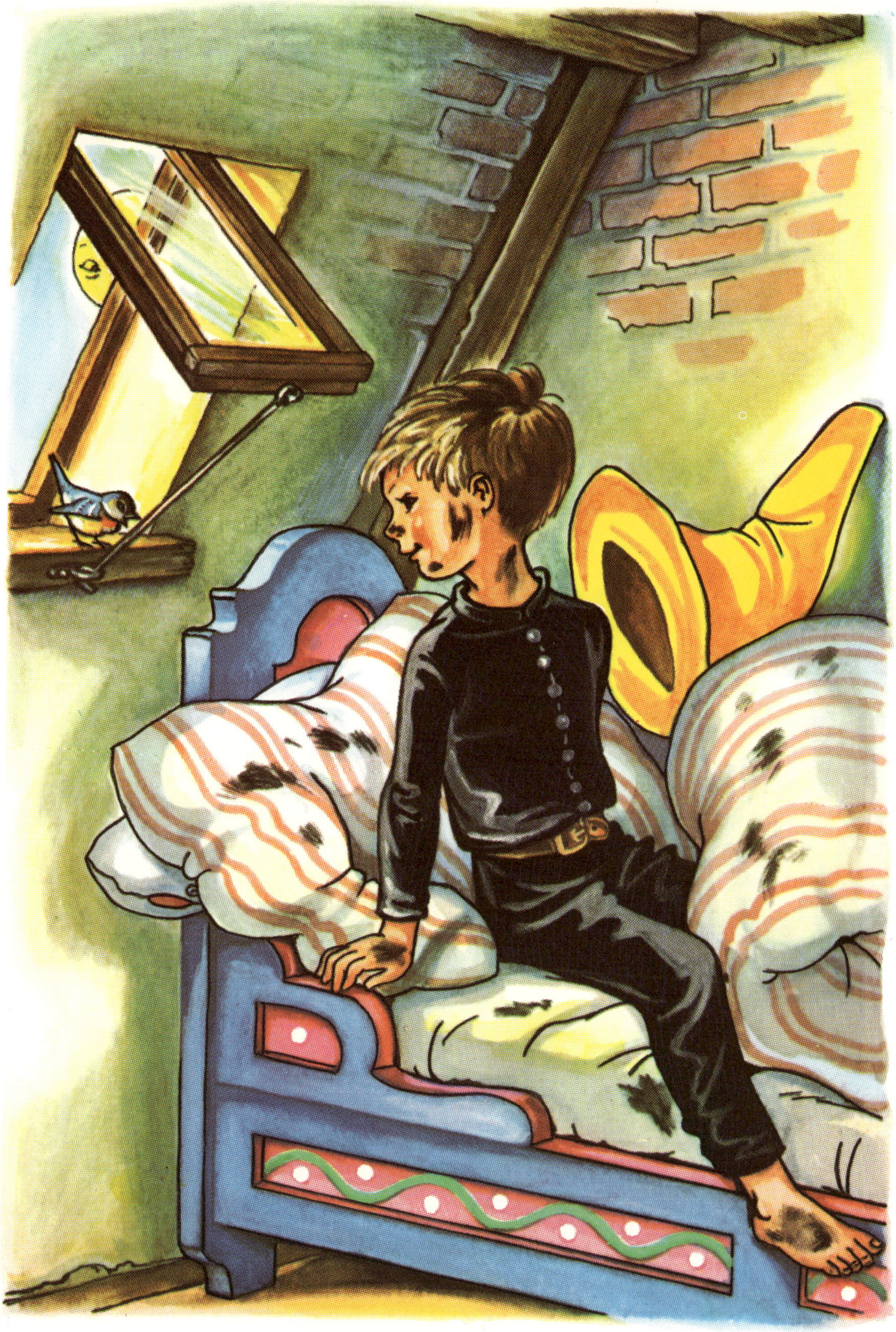

Abenteuern. Staunend hörten die anderen Schornsteinfeger zu, bis einer von ihnen den gelben Hut entdeckte.

„Der gehört dem Zauberer, das ist ein Wunschhut!" rief er. Und jetzt war natürlich alles klar.

Alle sieben Kaminkehrer machten sich nun auf den Weg zur Wohnung des Zauberers. Vorsichtig klopften sie an seine Tür und warteten. Da! Schritte näherten sich langsam, und dann wurde die Tür geöffnet. Vor den Kaminkehrern stand ein Mann mit einem langen, weißen Bart. Der Zauberer.

Selbstverständlich hatte er seinen Hut schon vermißt. Wie froh war er daher, als die sieben Kaminkehrer ihn nun wieder zurückbrachten!

Aus Dankbarkeit zauberte er eine Riesentorte herbei, und jeder durfte davon essen, soviel er wollte. Nun, das ließen sich die sieben Kaminkehrer nicht zweimal sagen! Sie langten tüchtig zu. Ja, wer wäre da nicht gern dabeigewesen?!

Es regnet, Gott segnet

Es regnet, Gott segnet.
Die Erde wird naß.
Bunt werden die Blumen,
und grün wird das Gras.

Es regnet, Gott segnet.
Der Kuckuck wird naß.
Wir sitzen im Trocknen.
Was schadet uns das?

Es regnet, Gott segnet.
Und werden wir naß,
so wachsen wir lustig
wie Blumen und Gras.

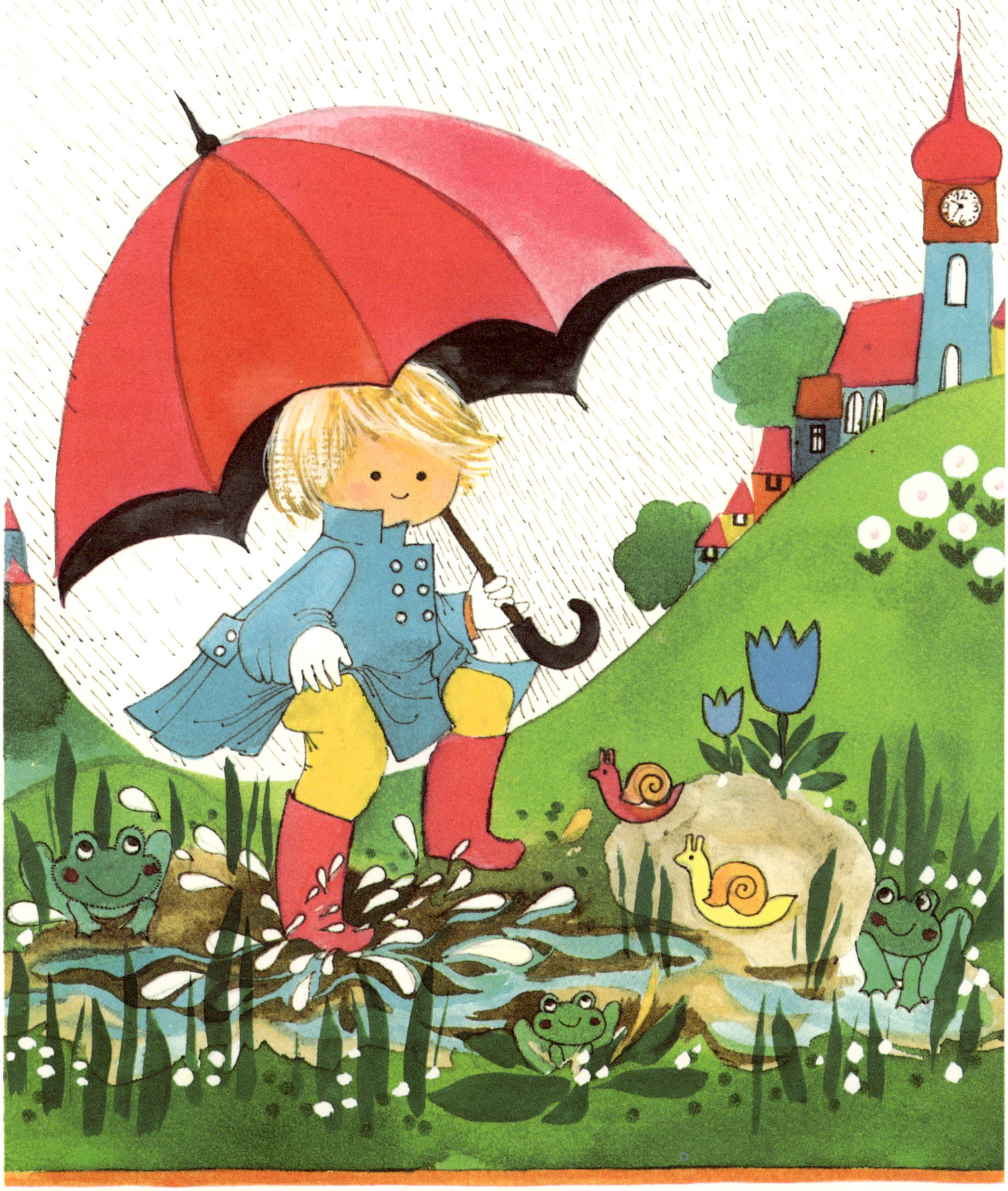

Knitzelputz hat Zahnschmerzen

Die Sonne scheint strahlend zu Knitzelputz ins Zimmer herein. „Aufstehen, du Schlafmütze!" ruft sie, als Knitzelputz erwacht. Doch der würde sich am liebsten ganz tief unter seine Decke verkriechen. „Auweh!" jammert er, „mein Backenzahn tut so weh! Wäre ich doch nur neulich schon zu Doktor Tutnichtweh gegangen. Er hatte mir ja gesagt, daß der Zahn gezogen werden muß! Auweh, auweh!"

Wehklagend steht er auf und wäscht sich. Immer wieder legt er die Hand auf die schmerzende Backe. Wie ein Häufchen Elend sitzt er dann später auf der Bank vor seinem Haus. Immer schlimmer wird das Zahnweh.

Schließlich macht sich Knitzelputz schlotternd vor Angst auf den Weg zu Doktor Tutnichtweh. Doch der führt seinen Namen zu Recht. Im Nu ist der böse Zahn gezogen, und weg sind die Schmerzen! Jetzt kann Knitzelputz wieder lachen.

ZWERGENZAHNARZT
DR. TUTNICHTWEH

ORD.
TÄGL.
8-12

Die kleine Lok

Die kleine Lok ist auf dem Güterbahnhof zu Hause. Tagein, tagaus schiebt sie schnaufend die Waggons hin und her, unermüdlich, von früh bis spät. Pause macht sie nur, wenn sie Kohle essen und Wasser trinken muß. Die kleine Lok ist sehr glücklich bei ihrer Arbeit, weil sie nützlich ist.

Eines Tages jedoch kommen drei Arbeiter. Sie untersuchen die kleine Lok sehr gründlich. Der erste klopft an ihr herum und sagt: „Da klappert's! Und dort klappert's auch!" Der zweite überprüft den Kessel. „Sie ist alt! Es hilft alles nichts, wir müssen sie verschrotten!" Und der dritte schließlich sagt: „Das machen wir am besten gleich morgen früh!"

Ach, da wird es der kleinen Lok ganz elend vor Angst. Verschrotten! Das wäre ja ihr Ende! Sie wartet, bis es dunkel wird, und dann rollt sie ganz leise über die Schienen davon in den Wald. Frei ist sie, ganz frei! Müde hält sie schließlich unter einem Baum an und träumt von zukünftigen Abenteuern.

Am nächsten Morgen macht sie sich ausgeruht auf die Reise. Nach

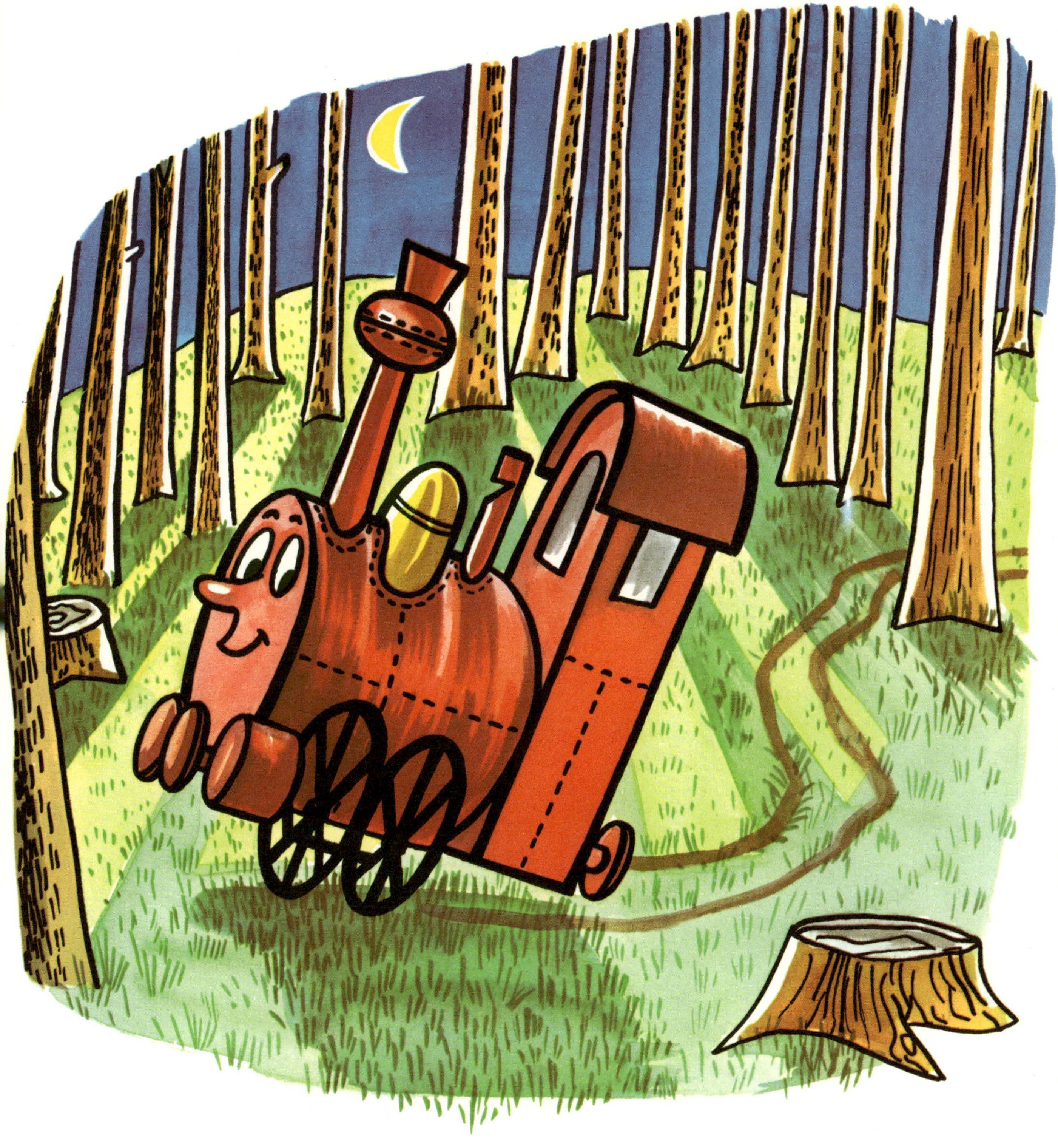

kurzer Fahrt sieht sie am Waldrand ein hübsches Bauernhaus stehen und rollt darauf zu. Der Bauer und seine Frau sitzen am Tisch und essen gerade zu Mittag. Sie machen erstaunte Gesichter, als die kleine Lok plötzlich zur Tür hereinschaut und fragt: „Verzeihung, ich bin die kleine Lok und bin auf der Durchreise. Habt ihr nicht ein Plätzchen für mich?" Die Bauersleute sind sehr verdutzt. Doch weil die kleine Lok so höflich fragt, sagen sie: „Drüben im Stall, neben der Liese, da wäre noch Platz."

Liese, das Pferd bekommt ganz große Augen. Solchen Besuch bekommt man ja nicht alle Tage! Im Grunde aber ist sie sehr froh, daß nun jemand da ist, dem sie sich anvertrauen kann. Liese will nämlich ein Geheimnis loswerden.

„Weißt du, kleine Lok", sagt sie, „ich war früher ein Zirkuspferd. Die Arbeit hier beim Bauern ist mir zu grob und schmeckt mir gar nicht. Ich will daher wieder zum Zirkus „Apollo" zurück. Schon heute nacht werde ich hier ausreißen." Ängstlich meint die kleine Lok: „Bleib lieber hier! Ich glaube, das ist besser."

Doch am nächsten Morgen, als die kleine Lok erwacht, steht die Stalltür offen, und Liese ist verschwunden. Der Bauer und die Bäuerin

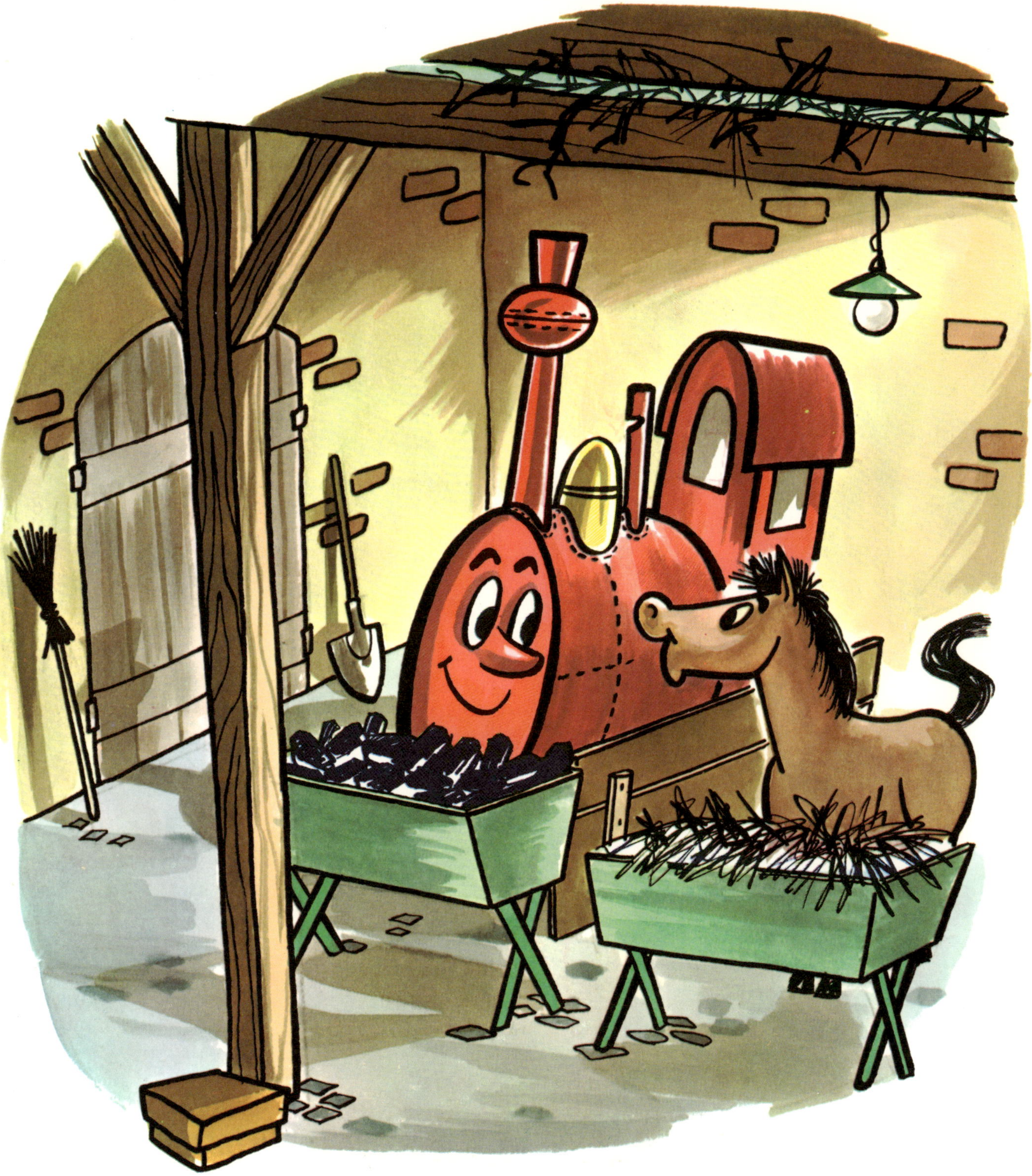

sind traurig und recht verzweifelt. Gerade heute sollte der Kartoffelacker bestellt werden, und nun haben sie kein Pferd zum Pflügen! „Verzeiht", sagt da die kleine Lok bescheiden, „aber wie wäre es, wenn ich für die Liese einspringe? Ich habe ja noch mehr Pferdestärken. Wenn ihr mir genau sagt, was ich zu tun habe, müßte es eigentlich gehen." Die Bauersleute sind schnell einverstanden.
Und dann tut die kleine Lok Lieses Arbeit. Schnurgerade, als wären es Eisenbahnschienen, zieht sie die Furchen. Und zur Mittagszeit spendiert sie der Bäuerin sogar heißes Wasser aus dem Kessel. „Wunderbar", meint diese, „das hat unsere Liese nicht gekonnt."
So hilft die kleine Lok den Bauersleuten viele Tage. Schließlich aber ist die Feldarbeit getan, und die kleine Lok verabschiedet sich. „Wir wissen gar nicht, was wir ohne dich gemacht hätten", versichert ihr der Bauer. Und dann schenkt er ihr zum Dank für ihre Hilfsbereitschaft zwei Zentner Kohlen.
Puffend und schnaufend rollt die kleine Lok davon in Richtung Stadt. Zum ersten Mal erlebt die kleine Lok eine Stadt. Sie ist verwirrt von

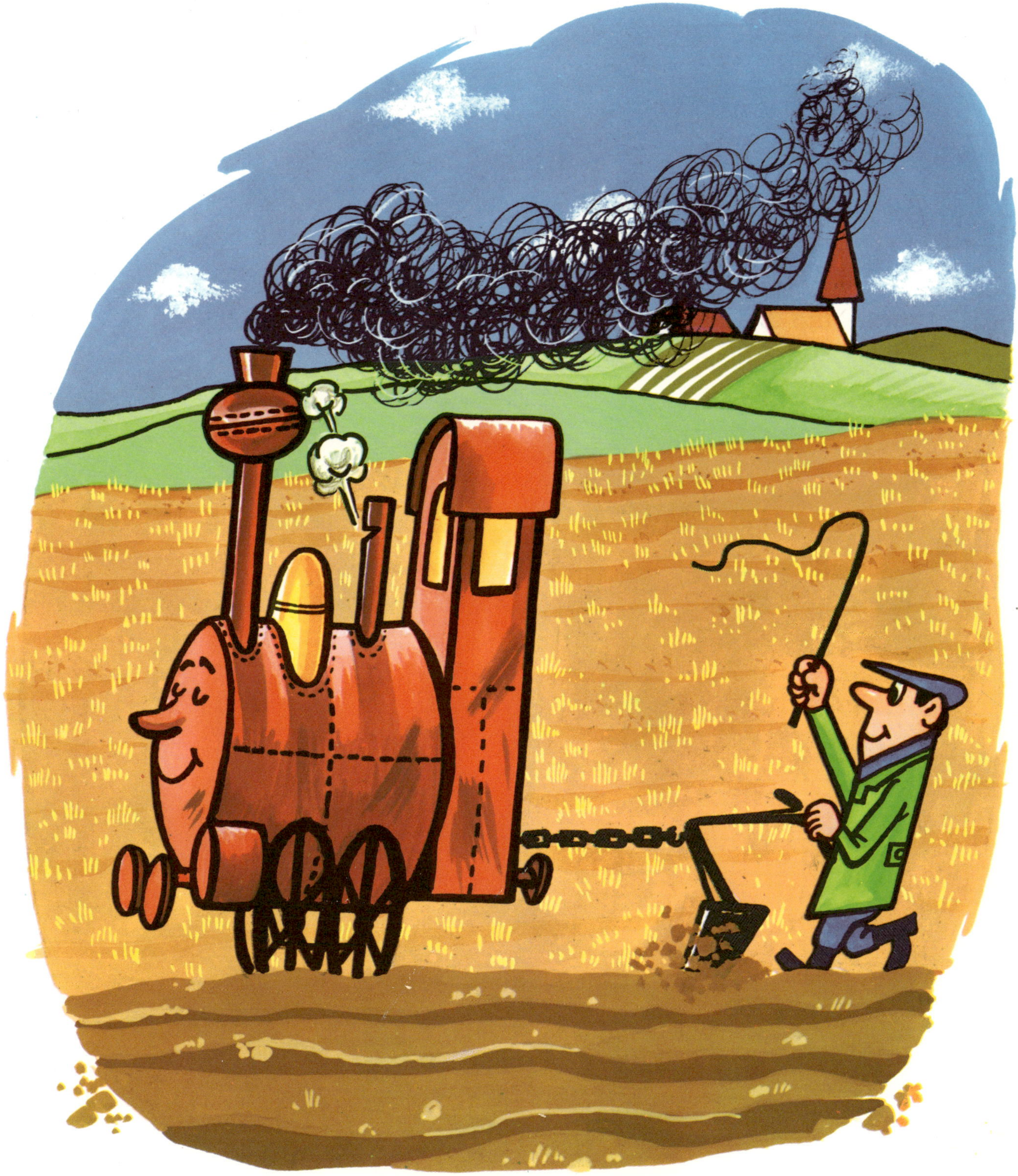

dem dichten Verkehr, und so steht sie plötzlich direkt vor einer blitzblanken Straßenbahn. Der Schaffner schaut heraus und lacht, denn die kleine Lok ist noch ganz schmutzig von der Arbeit auf dem Lande. „Na, du kommst wohl aus dem Kohlenkeller? Und so fährst du in unserer Stadt herum? Du solltest dich schämen!" Er läßt seine Straßenbahn kräftig bimmeln und will weiterfahren. Doch was ist das? Der Wagen rührt sich nicht von der Stelle! Das ist wahrhaftig sehr ärgerlich für die Leute, die zur Arbeit wollen. Der Schaffner sucht und sucht, doch er findet den Schaden nicht.

Da springt die kleine Lok hilfsbereit in die Schienen, kuppelt sich an und schleppt die Straßenbahn ab, wohin die Fahrgäste wollen.

Der Schaffner aber ist sehr verlegen und kriegt einen ganz roten Kopf. Er entschuldigt sich vielmals bei der kleinen Lok, daß er sie zuvor verspottet hatte. Doch die Lok murmelt nur gutmütig: „Schon gut, schon gut!" Sie hat im Augenblick nur eine Sorge: Wie werde ich recht schnell wieder blitzsauber.

Da sieht sie ein Schild: „Komm ans Meer!" Das ist die Lösung! denkt die kleine Lok glücklich. Im Meer könnte ich wunderbar baden und

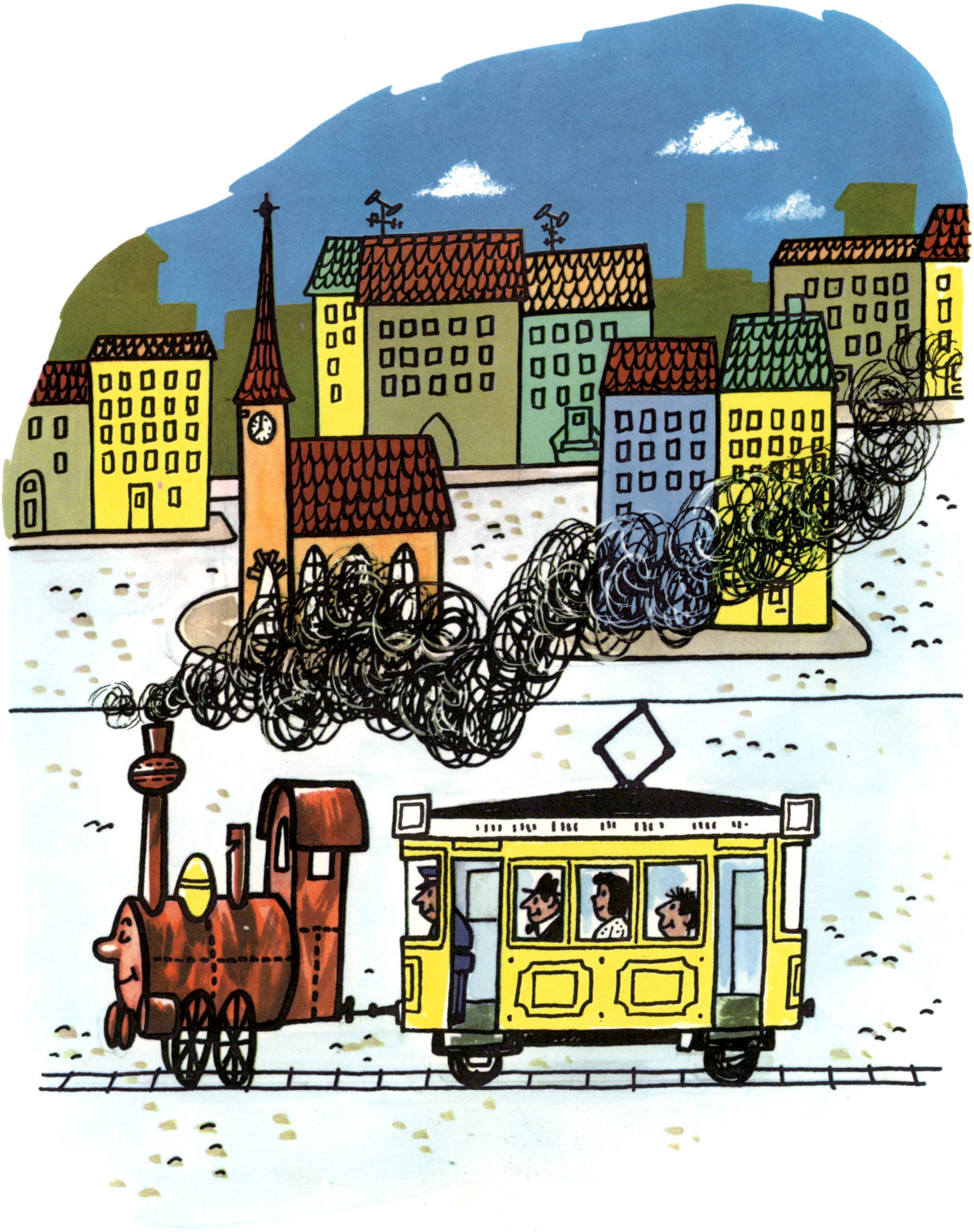

mich vom Schornstein bis zu den Rädern einmal gründlich saubermachen! Gesagt, getan. Schon rollt sie langsam die Düne hinunter. Sie probiert erst ein wenig mit den Vorderrädern, ob das Wasser nicht doch vielleicht zu kalt wäre. Es geht. Dann rollt sie tiefer ins Wasser.

Das gibt einen Jubel bei den Badegästen! Die kleine Lok tummelt sich übermütig im Wasser. Ach, ist das herrlich, denkt sie und kichert, weil die Wellen sie kitzeln. Die Fische sperren die Mäuler auf und kommen aus dem Staunen gar nicht mehr heraus.

Jetzt spielt die kleine Lok Wasserball mit den Kindern. Manchmal verschluckt sie sich und hustet, wenn Wasser in ihren Schornstein spritzt. Und hin und wieder tutet sie übermütig wie ein Ozeandampfer. Nein, so einen Spaß hat man hier am Strand noch nicht erlebt. Dann schüttelt sie sich wie ein Hund, daß die Tropfen nur so stieben. Achtung, kleine Lok – der Ball! Er fliegt auf sie zu – schwupp – kickt sie ihn mit der Nase hoch! 1:0 für die kleine Lok! Und nun hagelt es nur so Wasserbälle und Gummireifen. Da er-

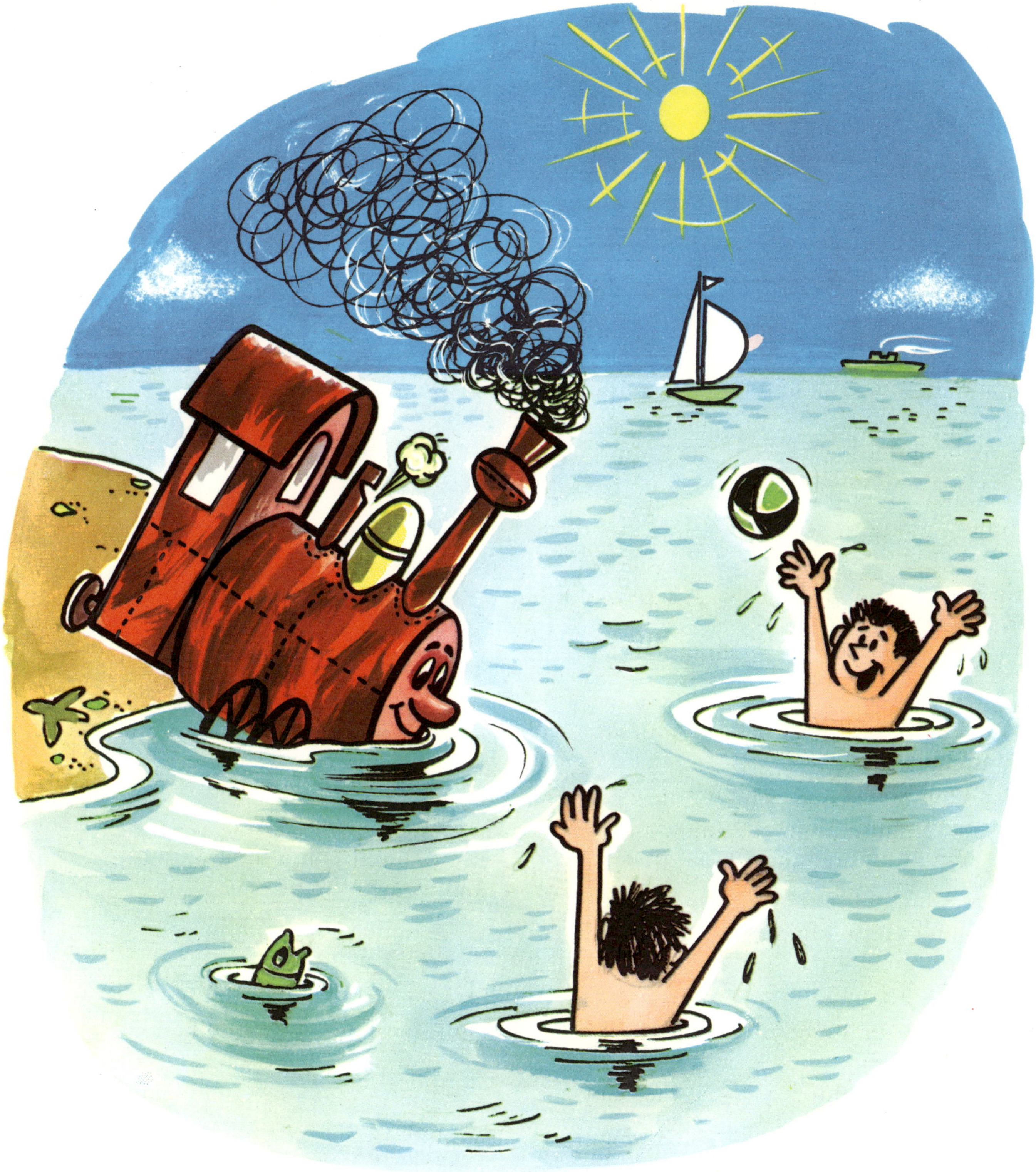

greift die kleine Lok kurzerhand die Flucht. Sie holt tief Luft und taucht dann unter Wasser. Sie kommt sich vor wie ein richtiges U-Boot.

Als sie wieder auftaucht, hört sie eine laute Stimme: „Heda, kommen Sie mal her!" Die kleine Lok sieht sich erstaunt um. Es ist der Bademeister. Er steht mit einer großen Flüstertüte vorn auf dem Anlegesteg. Ganz offensichtlich meint der Bademeister sie, die kleine Lok. „So kann das nicht weitergehen!" ruft er. „Sie bringen ja den ganzen Badebetrieb durcheinander! Hören Sie gefälligst auf damit. Außerdem sind Sie inzwischen tadellos sauber geworden. Also, Schluß jetzt mit der Planscherei!"

Als die kleine Lok hört, daß sie sauber ist, tadellos sauber sogar, kommt sie sogleich gehorsam aus dem Wasser. Sie rollt die Düne wieder hinauf und betrachtet sich dann ausgiebig. Ja, es stimmt. Sie ist blitzsauber. Vom Schornstein bis zu den Rädern. Ach, wie glücklich ist da die kleine Lok! Sie erinnert sich, so sauber war sie nur

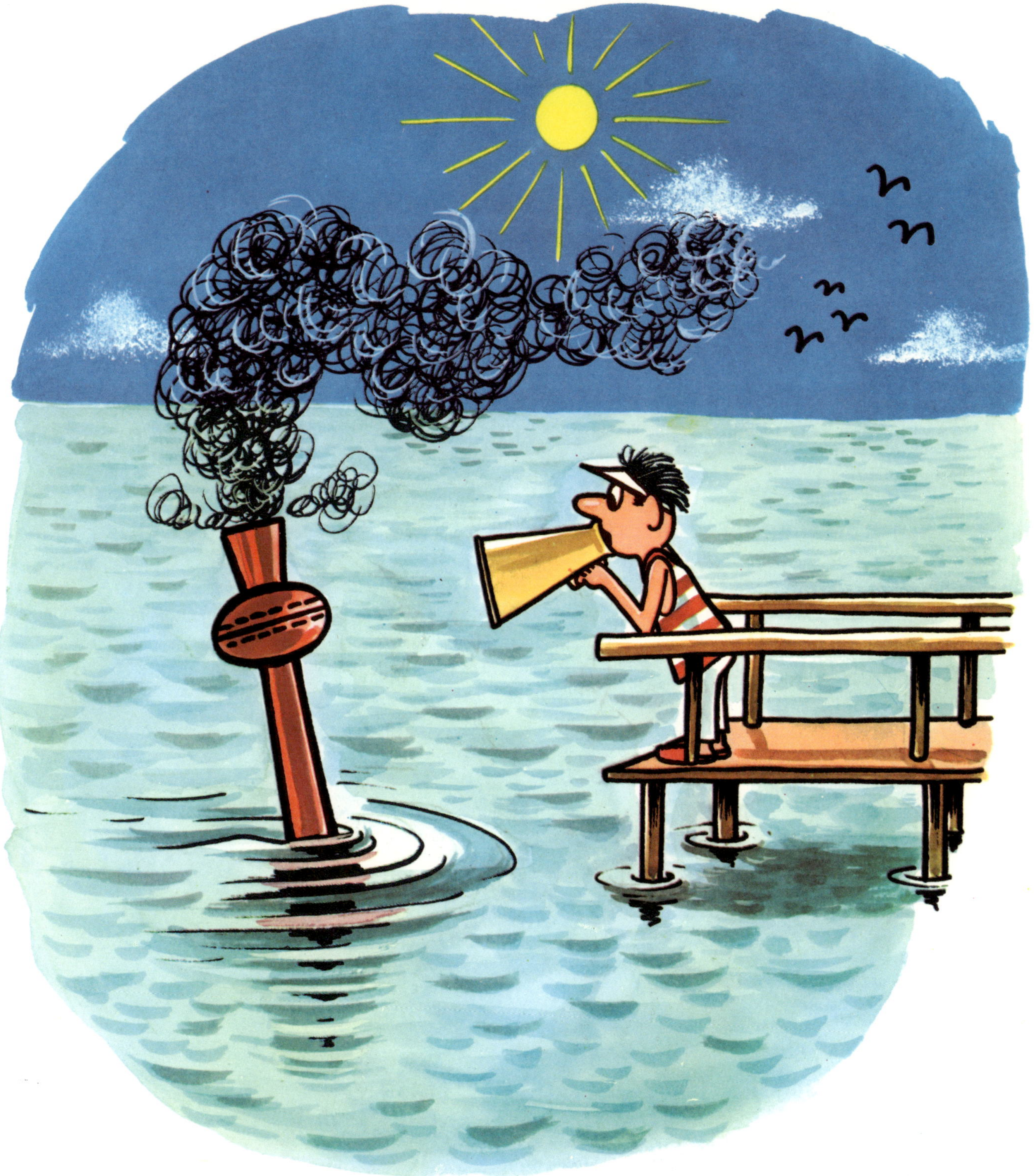

einmal in ihrem Leben: Als sie vor vielen, vielen Jahren in Dienst gestellt wurde. Die kleine Lok stößt noch einen lustigen Pfiff aus, dann tuckert sie weiter. Ihr Ziel ist die Stadt drüben am anderen Strand. Aber gerade in dieser Stadt geschieht etwas, woran die kleine Lok nicht einmal im Traum gedacht hätte.

Wie sie nämlich um die Ecke biegt, taucht plötzlich ein Auto vor ihr auf. O weh, zwei Männer vom Güterbahnhof sitzen darin! Vor denen war sie ja ausgerissen, um nicht verschrottet zu werden! Nichts wie weg! denkt die kleine Lok. Doch da haben die zwei Männer sie auch schon wiedererkannt. „Da ist sie ja! Endlich haben wir den Ausreißer gefunden! Ha, jetzt fangen wir uns diese verflixte Lok!"

In ihrer großen Angst schaltet die kleine Lok auf Volldampf und braust ab. Die Männer im Auto sausen hinter ihr her. Eine wilde Jagd durch die Straßen beginnt. Mal geht es scharf rechts um die Ecke, dann wieder links in verkehrter Richtung in eine Einbahnstraße. Doch die Männer im Auto bleiben der kleinen Lok immer dicht am Hinterrad. Da stößt sie in ihrer Verzweiflung die schwärzesten

49

Rauchwolken aus und nebelt sich damit ein. Das war eine gute Idee, denn nun sausen die Männer ratlos umher und verfahren sich. Um sie her ist finstere Nacht. Nach rechts? Nein! Nach links vielleicht? Hustend und prustend fahren sie kreuz und quer durch Qualm und Rauch, ohne die Lok zu entdecken.

Ganz dort hinten macht sie sich aus dem Staub, froh, den Verfolgern noch einmal entwischt zu sein!

Na, wie die aber schimpfen! Die kleine Lok hat sich hinter den Häusern versteckt und wagt kaum zu schnaufen. Außerdem wakkelt eines ihrer Räder bedenklich, und von der Jagd tun ihr die Kolben weh. Schließlich ist sie ja doch nicht mehr die Jüngste!

Sobald sie sich jedoch von der Hetze und der Aufregung erholt hat, ist sie wieder guten Mutes. Fröhlich pfeifend stimmt sie ein Liedchen an und rollt weiter. Immer geradeaus. Noch ahnt die kleine Lok nicht, welche neuen Abenteuer auf sie warten.

Ein fröhlicher Geburtstag

Nina hat Geburtstag – trallalalala! Nina hat sich eine weiße Maus gewünscht, und sie hat sie auch bekommen. Nina strahlt vor Freude.

Am Nachmittag wird gefeiert. Susi, Dorchen, Jan und Michael kommen, und es gibt Kakao und Kuchen. Danach spielen die Kinder mit der weißen Maus. Mausi krabbelt an Ninas Ärmel hoch und turnt an Jans Finger. Dorchen meint, sie beißt. Doch Mausi beißt nicht.

Anschließend machen die Kinder Gesellschaftsspiele. Das Kimspiel mögen sie besonders gern. Es geht so: Ninas Mutter legt heimlich

fünf Dinge auf ein Tablett: einen Apfel, ein kleines Auto, ein Gummibärchen, einen Baustein und einen Buntstift. Sie kommt mit dem Tablett zu den Kindern. Sie dürfen sich alles eine Weile anschauen. Danach wird das Tablett mit einem Tuch zugedeckt.
Jedes Kind hat einen Zettel vor sich und soll nun aufmalen oder aufschreiben, was es gesehen hat.
Susi kann sich beim besten Willen nicht mehr an den Buntstift erinnern. Jan hat den Baustein total vergessen. Außer Michael schafft es keiner. Nur Michael nennt alle fünf Dinge richtig und bekommt eine Belohnung. Die Kinder rufen: „Noch einmal! Noch einmal!"
Na schön. Diesmal liegen auf dem Tablett eine Garnrolle, ein Schlüssel, ein Stück Käse und ein Buch. Das Tablett wird wieder zugedeckt und zur Seite gestellt.
Die Kinder malen und schreiben mit Feuereifer. Plötzlich ruft Susi: „Huh, das Tuch bewegt sich ja!"
Tatsächlich, Susi hat Recht, das Tuch bewegt sich. Vorsichtig hebt Nina einen Zipfel hoch. Und wen entdeckt sie da?

Mausi! Als Nina das Tuch wegzieht, ist Mausi starr vor Schreck.
Bevor sie aber wegläuft, schnappt sie sich schnell noch etwas vom
Tablett.
Was mag Mausi wohl mitgenommen haben? Die Garnrolle etwa?
Oder den Schlüssel? Oder vielleicht den Käse oder das Buch?
Nun, rate einmal!
Natürlich hat Mausi den Käse mitgenommen, denn Mäuse mögen
Käse für ihr Leben gern. Viel lieber noch als Geburtstagskuchen.

Auf diesem Bild sind ein Haus, ein Stern, ein Schere, ein Oster-
ei und ein Reiter zu sehen. Schau dir alles genau an. Klapp das
Buch zu und sag mir, was du gesehen hast. Mit dem Bild auf
der anderen Seite mache es ebenso!

Felix, das Pony

Felix, das Pony, lebte zufrieden auf seiner umzäunten Wiese am Rande der Stadt. Felix gehörte einem kleinen Jungen, Stefan, der sehr lieb zu seinem Pony war. Und deshalb mochte Felix Stefan auch sehr gern.
Eines Tages hatte Stefan vergessen, das Gartentor zu schließen. Felix war darüber sehr verwundert. Er beschloß, die Sache näher zu untersuchen. Neugierig steckte er seinen Kopf durch das Gartentor, und dann spazierte er einfach aus der Umzäunung hinaus. Felix fühlte sich herrlich frei! Unbekümmert sprang er über Wiesen und Felder und kam schließlich in die Stadt. Wie staunte er über die vielen Menschen, Straßen und Plätze! Bald steuerte Felix auf einen großen Eingang zu, über dem in großen Buchstaben „Zoologischer Garten" stand. Felix trabte durch den Zoo, und kein Mensch wunderte sich darüber. Ein Pony im Zoo ist schließlich nichts Ungewöhnliches. Felix war nicht einmal dem Mann an der Kasse aufgefallen.
Ach, wie ist die Welt so groß, so schön und aufregend! dachte

KASSE

Felix. Er war inzwischen zum Freigehege der Elefanten gekommen. Aufgeregt betrachtete er diese großen Tiere. „Du hast ja einen wunderschönen Rüssel!" sagte er bewundernd zu einem dicken, alten Elefanten. „Der gefällt mir! Ach, wie ich dich darum beneide!" –

„Gefällt er dir wirklich?" fragte erstaunt der Elefant. „Willst du ihn haben? Hier, ich schenke ihn dir!" –

„Oh, danke! Das ist sehr nett von dir." Stolz trabte Felix davon, den neu erworbenen Rüssel steil nach oben gerichtet. Bald darauf kam Felix zu den Schweinen. „Das nenne ich ein lustiges Ringelschwänzchen!" rief er begeistert. „Ach, wenn ich doch auch so eins hätte!" Eines der Schweine hatte alles mitangehört und kam nun neugierig näher.

„Wenn es weiter nichts ist!" grunzte das Schwein vergnügt. „Von mir aus kannst du den Ringelschwanz haben. Hier, ich schenke ihn dir!"

Felix war sehr glücklich und bedankte sich freundlich bei dem netten Schwein.

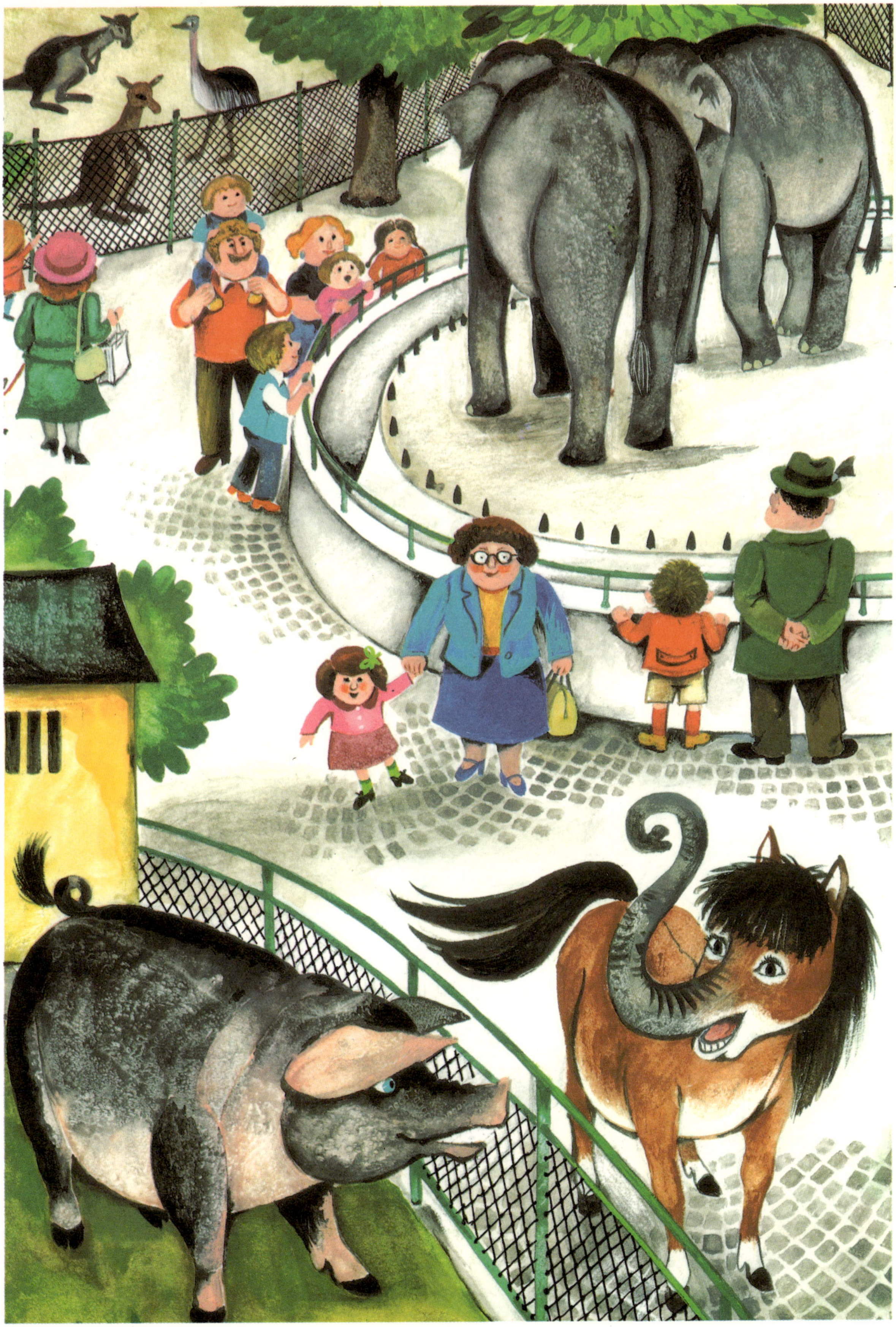

Fröhlich trabte Felix nun mit seinem Elefantenrüssel und dem Ringelschwänzchen davon. Nach einiger Zeit kam er zu einem seltsamen Tier, das vorn auf der Nase ein mächtiges Horn trug.
„Was es nicht alles gibt!" staunte Felix, das Pony. Er ging näher an das Tier heran, um es besser betrachten zu können. „Ach, ich wäre das glücklichste Pony auf der Welt, wenn ich auch solch ein prächtiges Horn auf der Nase hätte!" Das Nashorn hob verwundert den Kopf. Es sah Felix nachdenklich von der Seite her an und sagte schließlich: „Wenn dir so viel daran liegt, – hier, nimm mein Nashorn! Ich schenke es dir!"
Glücklich und zufrieden trabte Felix weiter. Er hatte nun einen langen Rüssel, einen lustigen Ringelschwanz und ein mächtiges Horn auf der Nase. Aber schon einige Schritte weiter entdeckte Felix die Kamele. Er staunte über diese Tiere. Sie hatten zwei große Höcker auf dem Rücken. Sie wiegten sich bei jedem Schritt. Mit ihren sanften Augen sahen sie Felix erstaunt an.
„So einen Höcker müßte man haben!" rief Felix voller Bewunderung. Das kleinste der Kamele hatte seine Worte gehört.
„Du bist ein seltsames Tier. Aber wenn du willst, dann schenke ich dir einen meiner Höcker. Hier hast du ihn!"
Felix war sehr stolz. Sein Nashorn ragte nach oben in die Luft, lustig

59

ringelte sich der Ringelschwanz, der Rüssel trompetete laut, und bei jedem Schritt schaukelte der Höcker auf seinem Rücken hin und her. Da sah Felix plötzlich eine buschige, lange Mähne aus einem Käfig herausschauen.
„Hast du eine wunderschöne Mähne!" rief Felix entzückt.
„Bitte schön, wenn du sie haben möchtest, – ich schenke sie dir!" sagte der Löwe.
„Das würdest du wirklich tun?" fragte Felix ungläubig.
„Wenn du willst", meinte der Löwe und überließ seine Mähne dem Pony. Nun hatte Felix den Rüssel vom Elefanten, den Ringelschwanz vom Schwein, das Horn vom Nashorn, einen Höcker vom Kamel

61

und die Mähne vom Löwen. Felix kam sich wunderschön vor. Er trabte zurück durch die Stadt, über die Felder und Wiesen zum heimatlichen Stall. Dort saß Stefan und blickte traurig vor sich hin. Felix kam stolz auf ihn zu und wieherte freudig. Da sah Stefan auf und bekam einen furchtbaren Schreck. „Was ist das für ein häßliches Ungeheuer!" rief er entsetzt. „Ach, wo ist nur mein lieber, guter Felix geblieben?!"

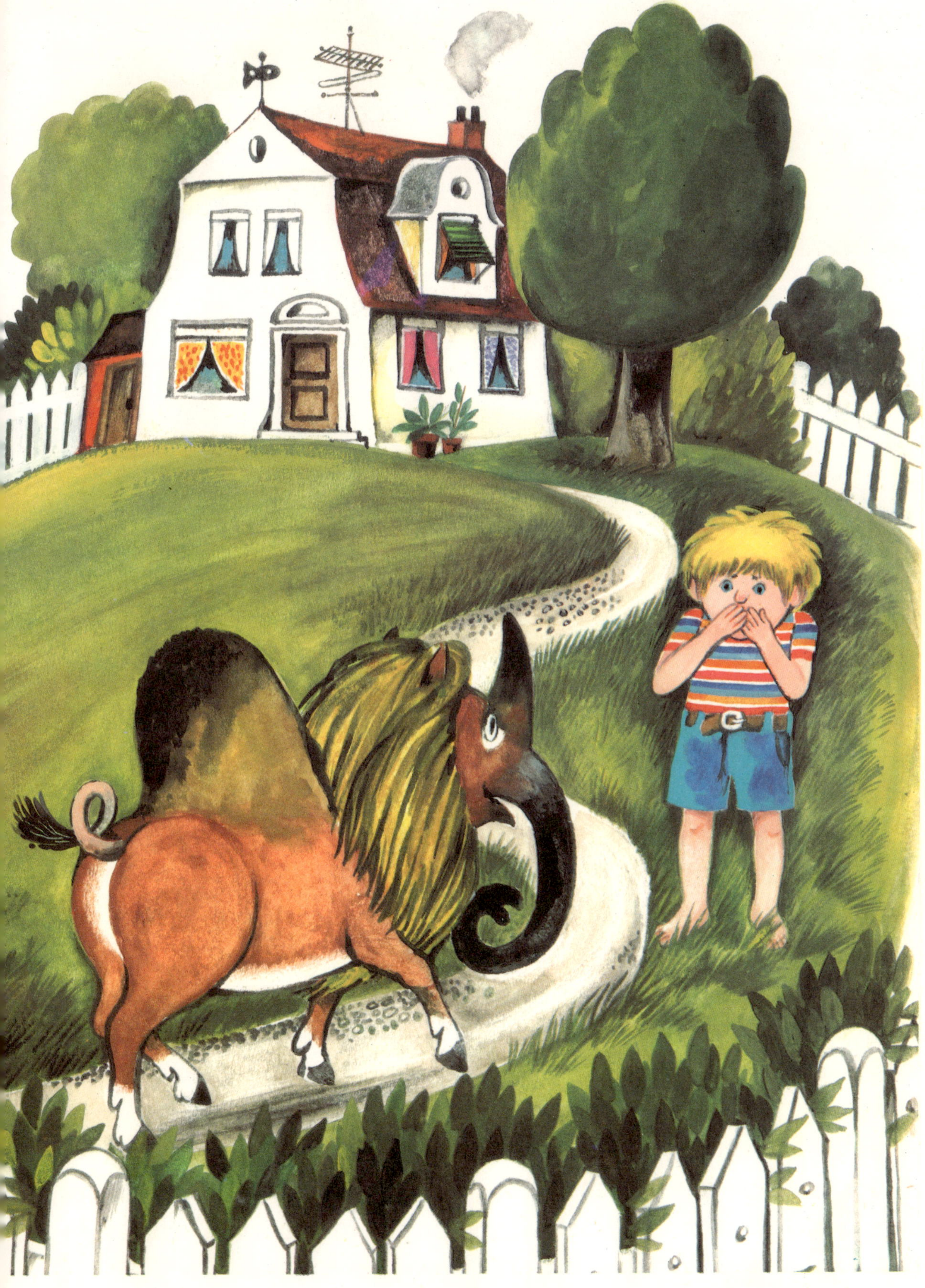

Da merkte Felix, daß er sehr dumm gehandelt hatte. Er war gar nicht mehr stolz auf seine Geschenke. Er machte kehrt und sauste zurück in die Stadt.

Endlich erreichte er den Zoo. Er lief sogleich zu dem dicken Elefanten und rief: „Hier hast du deinen Rüssel wieder!" – „Wie du willst!" brummte der Elefant. „Von mir aus."

Anschließend besuchte Felix das Schwein. Er wollte ihm das Ringelschwänzchen zurückgeben. „Na, meinetwegen", grunzte das Schwein.

So lief Felix von einem Gehege zum anderen und gab jedem Tier zurück, was es ihm geschenkt hatte: Dem Elefanten den Rüssel; dem Schwein das Ringelschwänzchen; dem Nashorn das Horn; dem Kamel den Höcker und dem Löwen die Mähne.

65

Dann trabte Felix wieder zurück durch die Stadt. Er fühlte sich so glücklich wie schon seit langem nicht mehr. Laut und freudig wiehernd galoppierte er zu seinem Stall. Dort saß Stefan immer noch traurig. Als er aber seinen Felix so fröhlich dahergaloppieren sah, fing er an zu lachen.

„Du Ausreißer!" rief Stefan Felix entgegen. „Kommst du endlich wieder nach Hause!"

Felix rieb seinen Kopf an Stefans Schulter und ließ sich von ihm streicheln.

Die Welt ist zwar wunderbar und aufregend, dachte Felix. Doch hier ist es am allerschönsten. Und ich bin froh, daß jetzt alles wieder so ist wie früher: Dies hier ist meine Wiese, das ist mein Stall, dort ist Stefan, und ich bin Felix, ein Pony, – und sonst nichts!

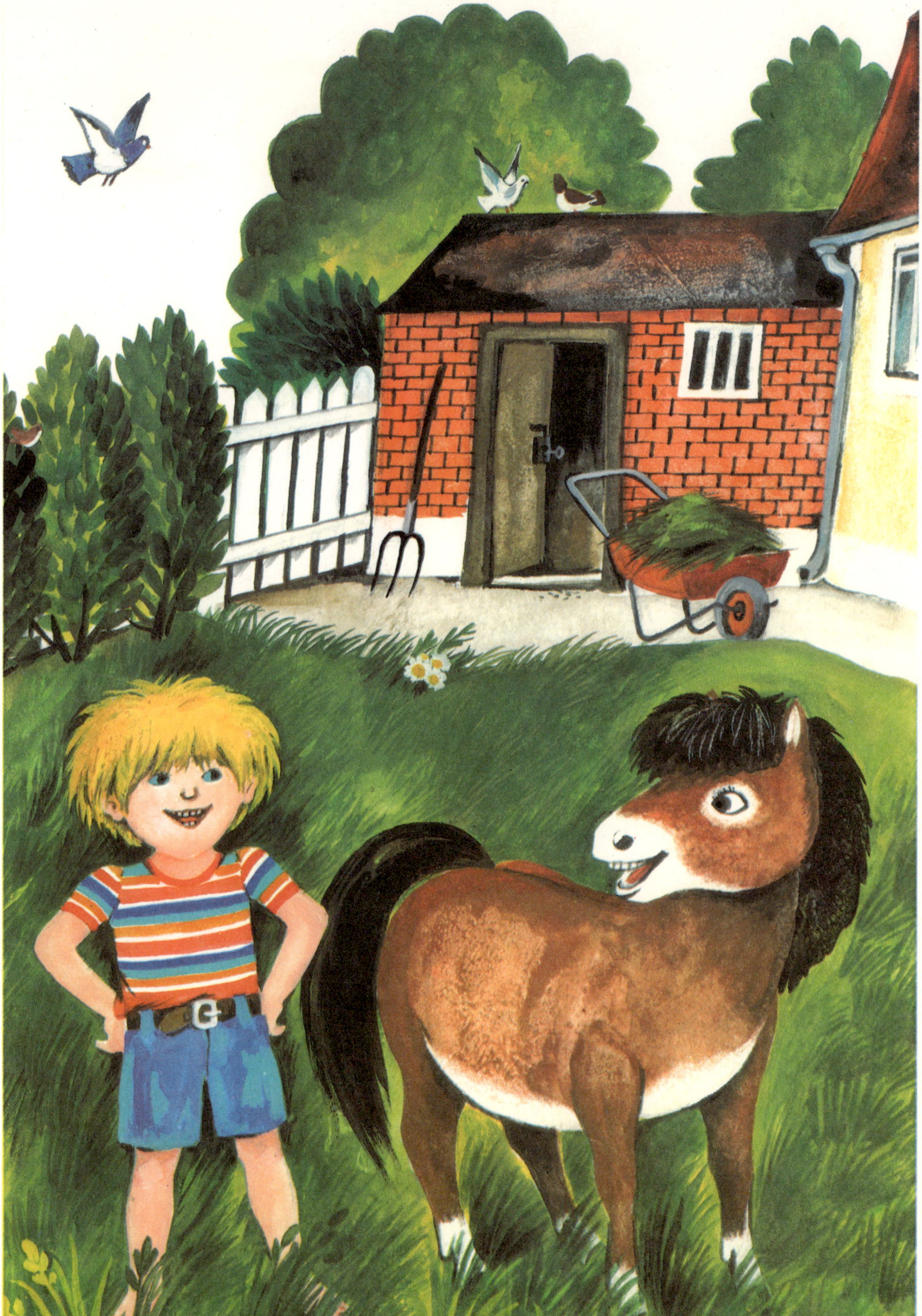

Ich geh' mit meiner Laterne

Ich geh' mit meiner Laterne
und meine Laterne mit mir.
Dort oben leuchten die Sterne,
und unten, da leuchten wir.
Der Hahn, der kräht,
die Katz' miaut.
Rabimmel, rabammel, rabumm.

Ich geh' mit meiner Laterne
und meine Laterne mit mir.
Dort oben leuchten die Sterne,
und unten, da leuchten wir.
Laternenlicht,
verlösch mir nicht!
Rabimmel, rabammel, rabumm.

Ich geh' mit meiner Laterne
und meine Laterne mit mir.
Dort oben leuchten die Sterne,
und unten, da leuchten wir.
Mein Licht ist aus,
ich geh' nach Haus'.
Rabimmel, rabammel, rabumm.

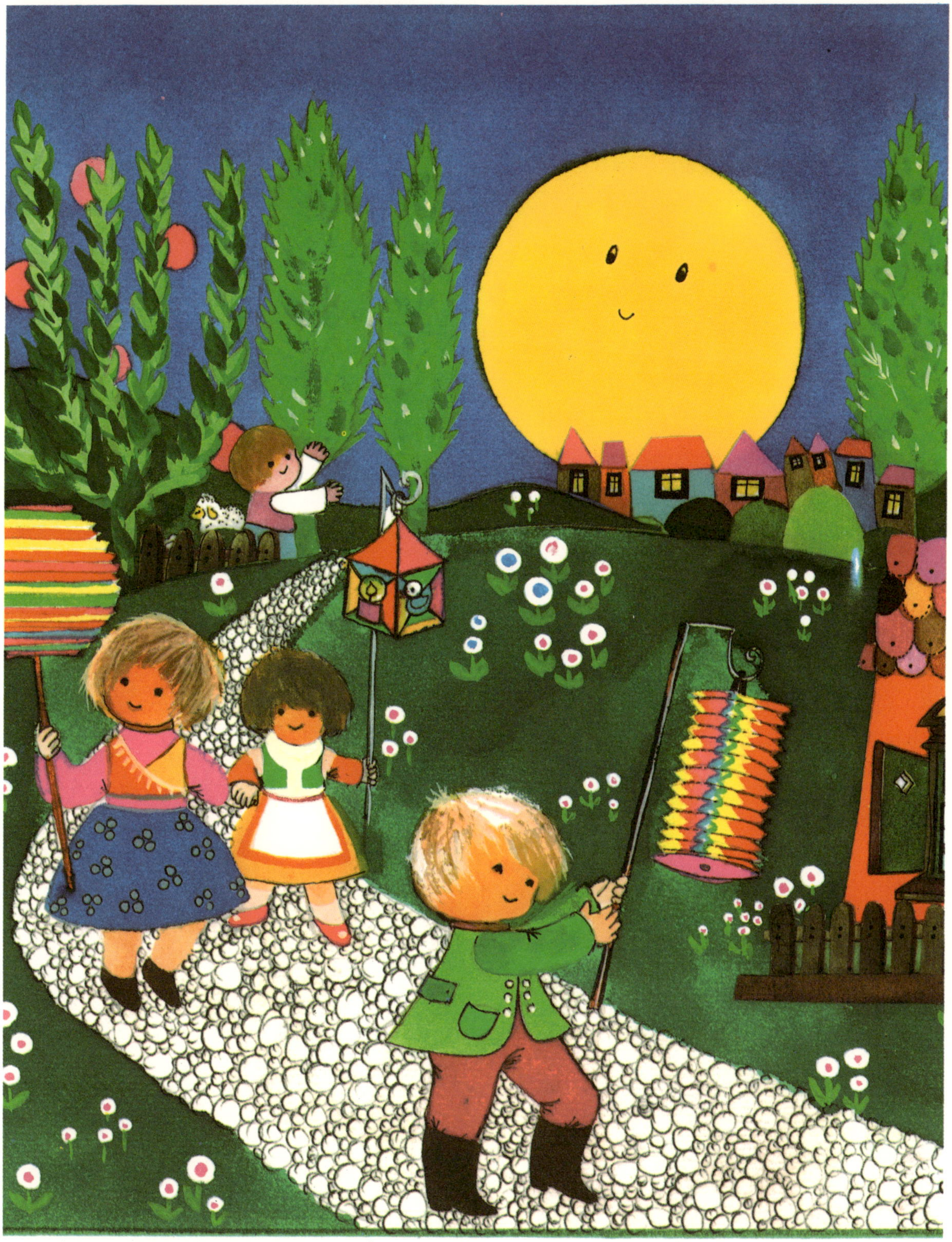

Michi, der Fernsehwichtel

Wie ein geölter Blitz kam Michi die Straße heraufgerannt. Gerade noch war er auf dem Spielplatz. Aber als die Kirchturmuhr vier Uhr schlug, war Michi nicht mehr zu halten.
Meine Güte, dachte er, in einer halben Stunde beginnt ja im Fernsehen die Kinderstunde! Und Michi rannte, so schnell er konnte, nach Hause. Ungeduldig läutete er an der Wohnungstür. Und als die Mutter schließlich öffnete, huschte er an ihr vorbei ins Wohnzimmer. Sogleich schaltete er den Fernsehapparat ein. Erwartungsvoll setzte er sich davor. Doch seine Mutter rief: „Wie siehst du denn aus?! Aus deinen Haaren rieselt der Sand, und auf deiner Hose klebt ein Kaugummi!" Michi ging rasch ins Badezimmer, wusch und kämmte sich und zog eine saubere Hose an. Dann setzte er sich zufrieden vor den Fernsehapparat.
Als die Kinderstunde zu Ende war, rief seine

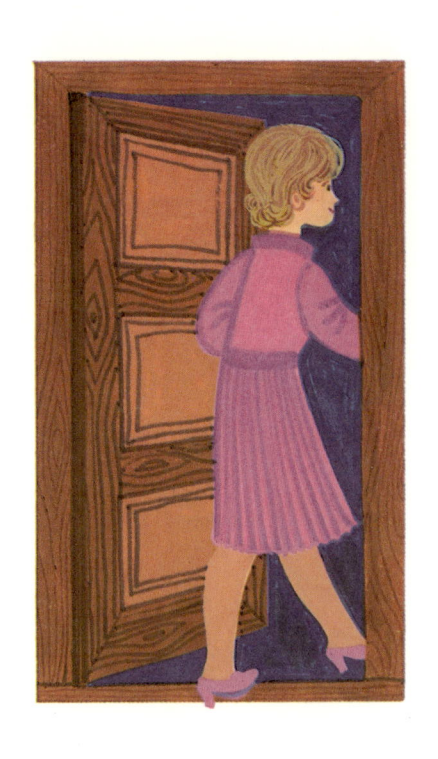

Mutter: „Michi, Abendessen ist fertig!" Aber Michi war so sehr in einen neuen Film vertieft, daß er das Rufen der Mutter nicht hörte.
Erst als die Mutter ein zweites Mal gerufen hatte, kam er zögernd zu Tisch.
Nach dem Abendessen brachte ihn seine Mutter zu Bett und sagte:
„Ich bin heute abend bei Frau Wichtig eingeladen. Ich werde nicht allzu lange wegbleiben. Schlaf gut!" – „Gute Nacht!" sagte Michi lächelnd und zog die große, blaukarierte Decke über den Kopf. Eine Weile lag Michi ruhig da. Als er aber die große Eingangstür zufallen hörte, warf er

die Bettdecke zurück und kletterte schnell aus seinem Bett. Endlich war er allein! Er sauste ins Wohnzimmer und schaltete den Fernsehapparat ein. Das Abendprogramm hatte gerade begonnen. Ein Wildwestheld galoppierte auf seinem Pferd durch die Prärie. Er schoß auf seine Verfolger, die schon dicht hinter ihm waren.
Lange, sehr lange saß Michi vor dem Apparat. Inzwischen war es sehr spät geworden, und Michi hatte Mühe, die Augen offenzuhalten.
„Uuuuaaaahhh", gähnte er laut und rieb sich verschlafen die Augen. Als er wieder aufblickte, erschrak er: Wie aus dem Boden gewachsen, stand plötzlich ein fremdartiges Männlein mitten im Raum. Woher war es so schnell gekommen? Michi klopfte das Herz

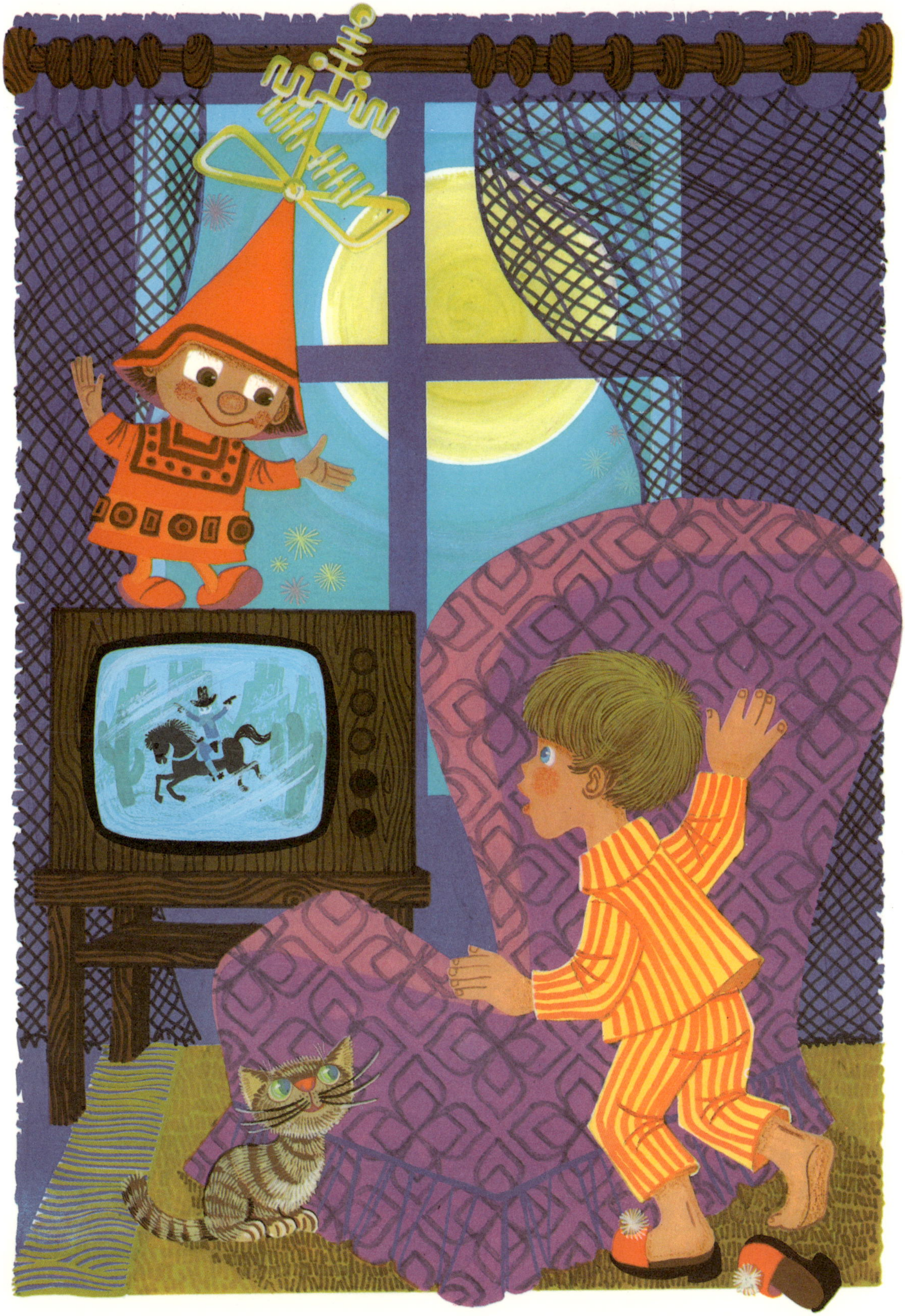

bis zum Halse. Vorsichtig versteckte er sich hinter dem großen Sessel. Das Männchen stand jetzt vor dem Fernsehapparat und drehte flink an den Knöpfen herum. Der kleine Wicht war beinahe so groß wie Michi. Sein Körper war rechteckig wie ein Klotz aus Michis Bausteinkasten. Auch die Augen waren eckig und sahen aus wie kleine Fernsehapparate. Auf dem Kopf trug er einen feuerroten, spitzen Helm mit einer riesigen Antenne darauf. Um den eckigen Bausteinkörper hatte er einen breiten Gürtel geschlungen. Darauf waren zahlreiche kleine und große Druckknöpfe.

Michi hatte sich inzwischen wieder von seinem Schrecken erholt. Und da er sehr, sehr neugierig war, kam er hinter dem Sessel hervor. Er stellte sich mutig vor den Wicht und fragte ihn: „Wer bist du?" Das Männchen machte eine kurze Verbeugung und antwortete mit eigenartig schriller Stimme: „Ich bin Zirp, der Fernsehwichtel. Ich komme von einem anderen Stern."

Das machte Michi noch neugieriger. „Und was willst du hier?" wollte er wissen. Da kam das Männchen auf Michi zu und sagte freundlich: „Ich bin auf die Erde gekommen, um eure Welt zu verschönern." – „Du willst unsere Welt verschönern?" fragte Michi erstaunt. „Aber die ist doch ohnehin sehr schön." Nach einer kleinen Pause fragte er weiter: „Woher kommst du eigentlich?" –
„Vom Fernsehplaneten!" antwortete das Männchen stolz.
Ja, da war Michi sprachlos. Vom Fernsehplaneten hatte er noch nie gehört.

Zirp blinzelte mit seinen Augen nach allen Seiten. „Man nennt meinen Planeten auch den Planeten der Fernsehwichtel." –
„Und warum?" wollte Michi sogleich wissen.
„Der Fernsehplanet hat seinen Namen, weil es bei uns überall, aber wirklich überall, Fernsehapparate gibt: Im Bad, im Schlafzimmer, im Wohnzimmer, im Kinderzimmer, auf der Toilette, überall! Wir können abends vor dem Einschlafen und morgens gleich nach dem Aufwachen vom Bett aus fernsehen."
Michi war begeistert. „Ja, so etwas müßte es bei uns auch geben! Gleichzeitig baden und fernsehen, das habe ich mir schon immer gewünscht!"
Das Männlein erzählte weiter: „Es gibt wirklich überall bei uns Fernsehapparate. Wenn man zum Beispiel in der Straßenbahn fährt und eine interessante Sendung sieht, darf man solange sitzen

bleiben, bis die Sendung zu Ende ist. Genauso ist es in Autobussen. Auch an Kreuzungen gibt es selbstverständlich Fernsehapparate, weil man bei roter Ampel ja warten muß."
Michi sah den Wicht ungläubig an. „Es gibt also tatsächlich ein Land, in dem man dauernd fernsehen kann?" –
„Ja, das gibt es", sagte der Wicht freundlich.
Da leuchteten Michis Augen vor Freude. In Gedanken malte er sich aus, wie herrlich es in diesem Land sein müßte.
„Ich bin nun hierhergekommen, um aus der Erde einen Fernsehplaneten zu machen", erklärte der Wichtel. „Am besten fange ich gleich hier in dieser Wohnung damit an. Wo ist die Küche?" –

„Die Küche?" fragte Michi verwundert. „Willst du etwa auch in der Küche einen Fernsehapparat aufstellen?" –

„Aber natürlich!" rief Zirp.

„Kann man denn gleichzeitig fernsehen und kochen?" fragte Michi verständnislos.

„Selbstverständlich!" erwiderte das Männchen triumphierend. „Immer, wenn meine Frau in der Küche eine Dose Brei öffnet, hat sie den Fernsehapparat eingeschaltet", erzählte der Wichtel. „Und sie sieht natürlich auch hin, damit sie nichts versäumt." –

„Hm", meinte Michi nachdenklich. „Aber kann deine Frau auch fernsehen, wenn sie Kuchen bäckt, Fleisch brät oder Marmelade in Gläser füllt?"

Da fing Zirp an zu lachen. „Bei uns wird nicht Kuchen gebakken, Fleisch gebraten und Marmelade in Gläser gefüllt. Bei uns gibt es alles fertig zubereitet in Dosen." –

„Und wer bereitet die Speisen zu und füllt sie in Dosen?" fragte Michi.

„Computer", antwortete Zirp.

"Und welche Arbeit verrichtest du?" –

"Arbeit?" Zirp fing furchtbar an zu lachen. Er riß dabei den Mund so weit auf, daß Michi hineinsehen konnte. Herrje, er hat keine Zähne! dachte er entsetzt. Fassungslos starrte er das Männchen an.

Zirp aber erzählte weiter: "Bei uns arbeiten nur Computer. Das sind Maschinen mit vielen Hebeln und Knöpfen. Wir brauchen nur die richtigen Knöpfe zu drücken, und schon beginnen die Maschinen zu arbeiten. Alles ist vollautomatisch."

Michi starrte das Männchen noch immer entsetzt an. Schließlich faßte er sich ein Herz und fragte: "Warum hast du keine Zähne?" –

"Zähne? Wozu? Um Brei zu essen, braucht man doch keine Zähne. Und etwas anderes essen wir Fernsehwichtel nicht." –

"Du kannst also nicht kräftig in einen saftigen Apfel beißen oder knusprige Brezeln knabbern?" –

"Natürlich nicht! Aber früher, als wir noch Fleisch und Obst aßen, hatten wir auch Zähne zum Beißen. Aber dann gab es immer mehr Fernsehgeräte. Die Leute saßen den ganzen Tag davor und hatten keine Zeit mehr zum Kauen der Speisen. Damals hat man auf unserem Planeten mit der Herstellung von Brei begonnen. Zuerst fingen zwei oder drei Zähne an zu wackeln. Schließlich aber wackelten alle und fielen dann heraus."

Zirp war bei seinen Erzählungen durch den Raum spaziert und hatte sich alles angesehen. Staunend blieb er vor dem großen Bücherschrank in der Ecke stehen.

„Was kann das sein?" murmelte er vor sich hin.

„Bücher, alles Bücher", erklärte Michi kurz.

„Was macht man mit einem Buch?" fragte nun Zirp.

„Ein Buch kann man lesen",

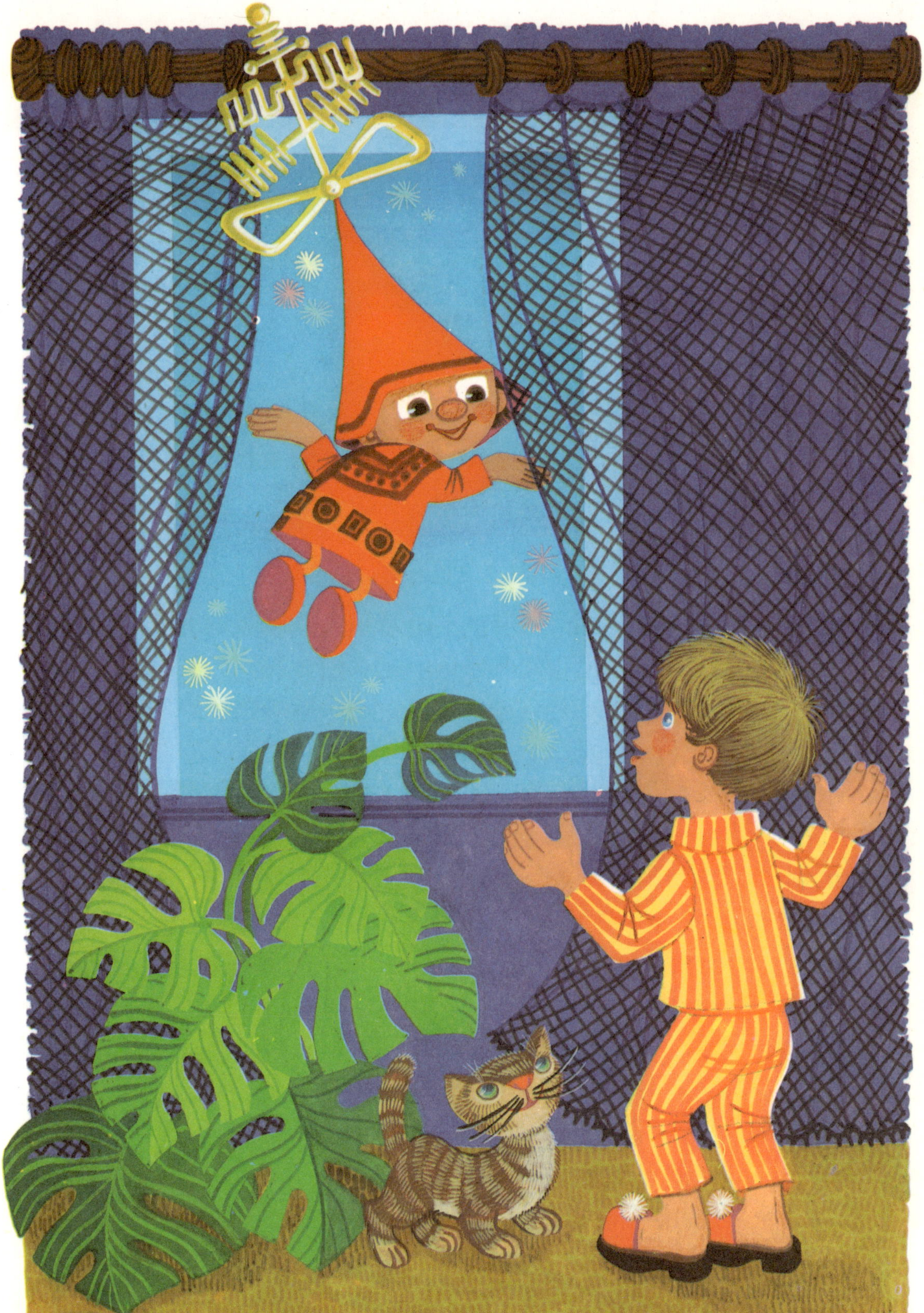

erklärte Michi. „In wenigen Minuten bringen mich die tollsten Geschichten rund um die Erde. Sie bringen mich in den fernen Orient oder den tiefsten Dschungel Afrikas."
Zirp hatte still und aufmerksam zugehört. „Wie soll ich das alles begreifen?" seufzte er und machte ein ratloses Gesicht.
„Bei uns gibt es so etwas nicht. Ich habe noch nie ein Buch gesehen."
Ganz still war es nun im Wohnzimmer. Zirp hielt seinen Kopf gesenkt und sah zu Boden. Er schien nachzudenken. Michi wollte ihn dabei nicht stören und schwieg.
Dann sagte Zirp leise: „Vielleicht ist es besser, wenn ich aus dieser Erde keinen Fernsehplaneten mache." Er reichte Michi die Hand und meinte: „Ich muß wieder fort, Erdenkind. Ich muß nämlich bei Dunkelheit reisen, sonst finde ich nicht mehr zurück."
Dann drehte er sich um, schaltete an einigen Knöpfen seines Gürtels und verschwand durch das offene Fenster. Die Vorhänge bewegten sich leicht hin und her. Ansonsten war alles wie vor dem Besuch des Fernsehwichtels. Am nächsten Morgen wachte Michi auf, weil die Sonne ihm hell ins Gesicht schien.
Als Michis Mutter später in sein Zimmer kam, setzte sie sich auf sein Bett und fragte ihn ein wenig traurig: „Du hast gestern abend wieder ferngesehen, stimmt's?" –
„Ferngesehen?" wiederholte Michi scheinheilig. Doch er hatte ein ziemlich schlechtes Gewissen dabei.

„Ja, als ich gestern nach Hause kam, warst du im Wohnzimmersessel eingeschlafen. Du hast gar nicht gemerkt, wie ich dich ins Bett gebracht habe!"
Ach ja, jetzt erinnerte sich Michi wieder an alles. Aber er wußte nicht, ob er das alles tatsächlich erlebt oder nur geträumt hatte.
Eines aber wußte Michi genau: Er wollte kein Fernsehwichtel werden. Und daher beschloß er, von nun an nur noch die Kindersendungen im Fernsehen anzuschauen.

Inhaltsverzeichnis

		Seite
Die drei Affen	(Helga Weichert)	6
Wo ist Wuschel?	(Berti Breuer-Weber)	18
Der kleine Kaminkehrer	(Helga Kaiser)	20
Es regnet, Gott segnet	(Volksweise)	32
Knitzelputz hat Zahnschmerzen	(Susanne Wiedemuth)	34
Die kleine Lok	(Jakob Lorey)	36
Ein fröhlicher Geburtstag	(Berti Breuer-Weber)	51
Felix, das Pony	(Helga Weichert)	54
Ich geh' mit meiner Laterne	(Martinslied)	68
Michi, der Fernsehwichtel	(Klara Kubicka)	70